COMPANY SLAVE

カンパニースレイブ

〈労働〉に自分のすべてを売りわたす前に

この世には深刻な依存症が3つ存在する。
ヘロイン、炭水化物、そして月給だ。

——ナシム・ニコラス・タレブ（1960-）

c o n t e n t s

紙書籍版の発行に寄せて

この本をパラパラとめくってみて「この著者は、なぜここまで労働をネガティブに論じるのだろうか」と疑問を抱いた人もいるかもしれません。

私のいままでの大学講義を振り返ってみても、労働をネガティブにしか語っておらず「**労働からできる限り逃れることが正しい**」という姿勢でほぼ一貫しています。ある意味では、労働者の味方のような論調ですが、一方では、労働という営みそのものをネガティブに捉え、その労働に人生時間の大半を投入している労働者階級をもネガティブに見ていると、いらだちを覚えた人がいるかもしれません。

私は別に、労働や労働者に対して偏見を持っているわけではありません。学術的あるいは理論的に見て、**労働とは負である**、と言いたいだけです。すなわち、人間に対して苦痛と不自由をもたらすことこそ、労働の普遍的性質なのです。

もちろん〈特権階級〉の人々が名目上就く団体理事／ソーシャライト／フィランソロピストといった職業は、それほどの苦痛を伴わないかもしれません。一部の成功した芸術家やスポーツ選手にとって、日々の労働は、苦しい部分以上に楽しい部分が圧倒的に大きいかもしれません。しかし、そうした労働は、労働全体のごく一部を占める例外的ケースに過ぎないわけです。

そもそも、労働が負の要素（negative value）であり、**不効用**（disutility）であることは、法学や経済学において明確に規定されていることであり、私自身のオリジナルの説でもなんでもありません。労働が負であるからこそ、労働者は、その対価として、何らかの報酬（compensation）を求めようとします。労働が負ではなく、楽しくて嬉しくていつまでもやっていたいものであれば、報酬があろうとなかろうと、誰もが率先して労働したがるわけですが、現実にはそうではありません。それは、労働の本質が苦痛だからです。

*

ちなみに、私の経歴を見ればわかると思いますが、私自身は、平均的日本人と比較して、**賃金労働の経験**がほとんどありません。この本において、エラそうに労働を語っていますが、実際には、労働に関する学術書や論文に色々と目を通した上で、その受け売りでものを言っているだけです。単なる理論的・学術的な次元のものにすぎません。私自身の人生にとって、労働はほとんど他人事です——もちろん、政治家の経験がなくても政治学の本は書けるし、映画を撮ったことがなくても映画評論家になることは可能なわけですが——。

実は、この本を書くにあたって、日々賃金労働をこなしている知人たちと真面目な論争を交わしてみたり、大手企業／新興企業／非営利団体など、いくつかの職場を〈実地見学〉してみたりと、私なりにささやかな〈材料集め〉をしてみました。しかし、そこで私が垣間見た〈**労働のリアル**〉にしても、〈労働は負である〉という一般論を崩すことはなかったわけです。営利組織だろうと非営利組織だろうと、体育会系だろうと文化系だろうと、経営者が右翼だろうと左翼だろうと、労働の本質は変わりません。

まず、労働は**身体的苦痛**（physical pain）を伴います。事務／営業／肉体労働はもちろん、学術研究や技術開発に代表される知的労働にしても、脳や眼を極端に疲労させ、長時間のデスクワークによって肩や腰といった特定部位を痛めます。住居と職場とに一定距離があれば、通勤（work trip）という深刻な消耗活動を毎日繰り返さないといけません。労働が長時間に及べば、脳血管障害や心疾患を確実にもたらすことになります。過労死です。古代より労働とは、病気／怪我／死と隣り合わせの活動であり続けたのです。

それだけではありません。労働は**精神的苦痛**（mental pain）も伴います。労働とは何かを生産する活動です。その生産物に何らかの瑕疵（かし）があれば、笑われたり、怒られたりします。しかも、雇用労働（employed labor）に関して言えば、組織に従属した上で遂行される活動です。労働者は否応もなしに上下関係と命令系統に組み込まれ、上の者には卑屈で従順な態度をとり、下の者に対して必死に虚勢をはるようになります。

なんのことはありません。中高生の頃「あんなみじめなオッサンオバサンにだけはなりたくない」と思っていた漫画的キャラクターそのものになっているわけです。上の者から受けた仕打ちを下の者に与えて「**負の連鎖**」を延々と繰り返す光景もよく観察できます。そうした過程の中で、労働者は精神的に消耗し、屈辱／陰口／嫉妬／憎悪／敗北などの**負の記憶**が蓄積され、トラウマやフラッシュバックと戦う日常を送るようになります。

さらに、労働は**不自由**（unfreedom）も伴います。特に、雇用労働者の場合、組織に従属した存在となるため、組織の都合に合わせて、出社する時間から退社する時間まで実質的に強制されます。とりわけ、日本のように「総合職」的な雇用が蔓延している社会では、どこに飛ばされるかも、いかなる仕事をさせられるかも、組織の意向によって勝手に決定されています。もっと言えば、大半の労働者は、たった一度しかない人生にも関わらず、その人生時間の大半を「本当はやりたくもないこと」に費やしているのです。

*

本書は、私が2020年2月にAmazon Kindleで公開した講義テキストブック

『**COMPANY SLAVE**』（ASIN:B084M235VZ）をオリジナル版として、「労働法律旬報」で有名な旬報社さんの手によって、改めて紙ベースにして出版したものです。

思えば、この2020年2月というのは、新型コロナウイルスが世界的に流行し始めた頃でした。私がオリジナル版をKindleで公開した直後から、ビジネス社会では〈**ポストコロナ**〉〈**アフターコロナ**〉といった言葉が流行り出しました。このコロナ問題をきっかけとして、経済や社会の仕組みが新しい常態（ニューノーマル）へと移行するのではないか、労働者にとっても、いままでとは違う働き方や生き方が見えてくるのではないか、というのです。

私は、そうした議論に対して、大まかには賛同します。コロナをきっかけにして、リモートワークの環境は大きく整備されました。いままでアナログなやり方で踏襲されていたものが**デジタル**で十分可能だと実証されたものも多いでしょう。大学の世界でも「授業とはリアルな教室でやるべきもの」という思い込みは、すでに崩れつつあります。

しかし、一方で〈労働とは負である〉という**古代からの一般論**が崩れるとは思えません。〈ポストコロナ〉とやらの時代がやってきたとしても、依然として労働とは、人間に苦痛と不自由を与えるファクターであり続けるのが確実です。

例えば、事務系職業がリモートワークに切り替わったからといって、事務系労働者は必ずしもいままでより自由になれるわけではありません。いままでは、従業員がサボっていないかを上司が監視していましたが、これからは目の前のパソコンが「この労働者はいま何をやっているか」を監視するようになります。何時何分に何分間ほど席を立ったか、なんのアプリを使っていかなる作業を何分間やったか、といった行動履歴が常に把握されるようになる。パソコンに設置されたカメラが従業員の表情すらチェックするようになる。アナログの時代よりもはるかに精度の高い**監視体制**の確立です。

職場環境がデジタルになれば、その分、コミュニケーションもデジタルになります。メール／メッセンジャー／ボイスチャット／テレビ会議／社内SNS／ファイルに添付されたコメントなど、労働者は**膨大なコミュニケーション**を毎日のように取らされる。そのために朝から晩までキーボードをカチャカチャ叩き続け、常にスマートフォンの通知音に悩まされるようになる。〈ポストコロナ〉とやらによって〈煩わしい人間関係〉がなくなるわけではありません。むしろ、いままで労働者が味わってきたものより複雑怪奇な精神的ストレスが生まれる可能性すらあるのです。

しかも〈ポストコロナ〉になったからといって、当然ながら、みんなが「やりたいことをやれる人生」を享受できるわけでもありません。労働環境がデジタルになればなるほど、仕事内容は細かく定義されて細分化され、その細分化されたポストを取り合う競争が際限なく繰り広げられます。「雇用はメンバーシップ型からジョブ型へ」などというフレーズをよく聞きますが、自分のやりたいジョブに就ける勝者は、常に社会の一握りです。これはコロナがやってくる前だろうと後だろうと、なんら変わりがありません。労働者の大半は、**本当はやりたくもない細分化されたジョブ**を一生やり続けて人生を終えるのです。

これは本文でも改めて言及しますが、私たちが生きているこの21世紀前半は、かつての農耕革命や産業革命に匹敵する革命の時代です。すなわち、IT／AIを汎用技術とする**テック革命**の時代に私たちは置かれています。農耕革命にせよ産業革命にせよ、それをきっかけに文明が進化したのは事実です。しかし、一方で、その革命に直面した労働者たちはどうなったでしょうか。労働時間は長くなり、労働内容は複雑になり、学習すべき事柄は膨大となり、不自然な姿勢による作業が多くなり、労働者同士の競争も激しくなりました。現在のテック革命もまた、人類世界をさらに飛躍させる出来事ですが、そこに置かれた労働者個人の人生に幸福をもたらすか否かは、また別問題なのです。

＊

最後になりますが、今回、紙ベースの書籍に仕上げてもらった旬報社編集部の粟國志帆さん、ありがとうございました。実は、粟國さんには、同時進行でもう一冊の自著も手がけてもらったのですが、新型コロナウイルス問題で大変な時期に、常に丁重に対応していただき、恐縮の限りです。

また、いまこの文章を読んでいるみなさんには、ぜひこのまま本文を読んでいただいて「労働とは何か」を真剣に考える機会としてもらえればと思います。「全部読んだけど、希望も何もないな」という感想になるかもしれません。しかし、労働者に対して、フワフワした言葉をちりばめて安易に〈人生の希望〉を与えるのは、いつの時代も政治家や経営者たちの常套手段です。世間で流布されている希望に満ちた言説に惑わされず、これからの**リアルな労働人生**において、あなたが〈**より良い投機**〉に踏み出すきっかけとして、本書が活用されることを期待しています。

日比谷のラウンジにて——

著者より

Preface

労働についてのガイドブック

この本は、これから本格的に**労働者としての人生**を歩もうとしている若者——特に、民間企業への就職を予定している人々——を主たる読者対象とした書籍です。労働者になる前に最低限知っておくべき基本事項をシンプルに並べた「労働のガイドブック」です。

当然ですが、この本のテーマは**労働**（labor）です。労働とは何か。会社とは何か。なぜ私たちは労働するのか。私たちは、労働に従事することで、何を得て、何を失っていくのか。日本の労働者はどのような環境で労働しているのか。これから労働者になろうとしている人々は、まず〈**労働の概要**〉を知らなければなりません。〈労働の概要〉を理解した上で、その次に、業界研究をしたり、資格試験に挑戦したり、就職説明会に参加したり、といった順序を踏むのが妥当なはずです。

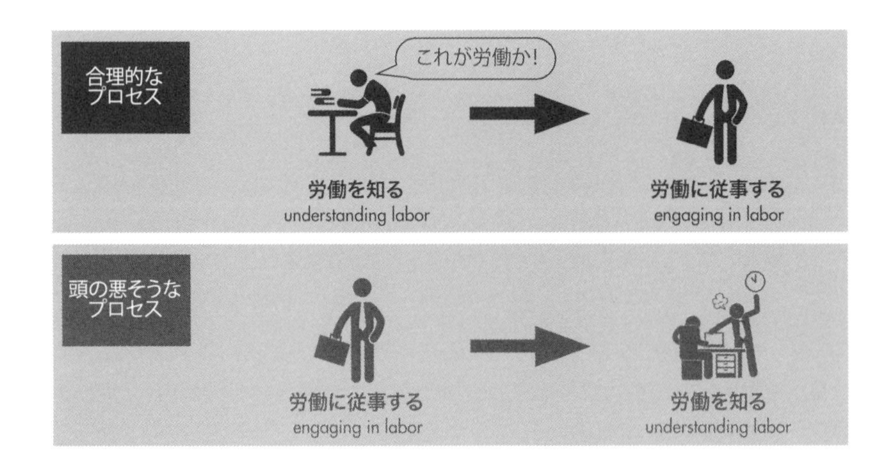

NOTE

本書では「**企業**」と「**会社**」という2つの類似する日本語ワードが出てきますが、厳密には、両者は区別されて使われることがあります。「企業」は「会社」よりも対象範囲が広く、あらゆる営利事業体を指すのが一般的です。一方で「会社」は、会社法上の会社（株式会社、合名会社、合資会社、合同会社）を指すのが一般的です。

もちろん、この本を読んだだけで、労働にまつわるすべての知識が100％手に入るわけではありません。しかし、あなたが本書を読み終わった頃には、**労働の全体的イメージ**を確実につかめているはずです。

筆者の私は院生・助手時代から数年間「ビジネス制度」に関する大学講義を担当してきました。本書は、その講義コンテンツがベースとなっています。この本を手にとったあなたは、大学1年生として**私の講義**を受けに来たような感覚で、この本を読み進めていただければと思います。

社畜は動物に近い存在である

本書のタイトルは「COMPANY SLAVE」となっていますが、これはもちろん「社畜」を英語に直したものです（英語圏ではcorporate slaveとも表現されます）。1992年、会社経営者兼作家である安土敏（1937-）の著書『ニッポン・サラリーマン――幸福への処方箋』（日本実業出版社）において「社畜」という言葉がはじめて公に解説されました。

NOTE

この本以前にも、1989年に佐高信（1945-）が発表したノンフィクション『逆命利君』（岩波現代文庫）に「社畜」というワードが断片的に登場します。この本は、住友商事の異端児だった**鈴木朗夫**（1931-1987）を描いたものですが、この鈴木朗夫の5年後輩として住友商事に入社してくるのが安土敏（本名：荒井伸也）になるわけです。

佐高信によれば、安土敏は、鈴木朗夫に影響を受けて「社畜ではないサラリーマン」を目指すことになります。その意味で「社畜」というワードの系譜を理解するには、まず鈴木朗夫を知ることが必要でしょう。

その当時の「社畜」は、日本における〈**労働市場の流動性の低さ**〉〈**転職の少なさ**〉と関連づけられたワードでした。ニッポンの平均的な「サラリーマン」は、生涯をかけて1つの会社に全人生を奉仕する。どこに住むのか、いつ結婚するのか、どのような仕事をするのか。すべてを会社に委ねる。自分の人生がその会社の内部だけにとどまり、その会社の中に流れている価値観のみに染まっていく。その会社から離れて生きていくことができなくなる。これが「社畜」

のオリジナルな意味合いです。

NOTE

実際には、戦後日本の「サラリーマン」のうち、**終身雇用**（permanent employment）を実質的に保証されていたのは、一部の大企業の従業員に限られます。

安土敏も、東京大学を卒業して、日本を代表する総合商社の1つである住友商事に入社できた「恵まれたサラリーマン」でした。その他大勢の「サラリーマン」は、一社に全人生を奉仕したくとも、会社から解雇される危険性を常に背負っていました。

そして、安土敏の著書から四半世紀が経ったいま、「社畜」は会社から**奴隷的な扱い**を受けている労働者全般を指すワードとなりつつあります。

会社の要求に応じて毎日のように長時間労働に従事する、会社から呼び出されたら休日でも出勤していく、会社から命令されたら全国のどこにでも転勤する、会社から命令されたら営業でも経理でも便所掃除でもなんでもする、自らの権利を放棄させられ、法律に違反する労働環境であっても耐え忍ぶ——。転職回数に関わらず、第三者から見て**奴隷的に見える労働者**であれば、すべて「社畜」と呼ばれる傾向があるわけです。

もっと素直に捉えれば、社畜とは、その文字のとおり「**動物に近い扱い**を受けている労働者」と定義すべきでしょう。動物（animal）には一切の権利が認められていません。動物はわれわれ人間と同じ生き物であり、われわれホモサピエンスと同じように苦痛を感知する存在です。しかし、近代の法制度では、ホモサピエンスとそれ以外の種との間には、明確な境界線が引かれています。人間のみが尊厳ある存在であり、動物は違うわけです。これを**種差別**（speciesism）といいます。

近代の法制度では、動物は**モノの一種**として扱われてきました。洋服や石や

文房具と同じ存在に分類されてきました。動物を殴ったり殺したりしても、動物自身の意思に反して苦役を課そうとも、それは罪にはならなかったのです。せいぜい、他人の所有する動物に傷害を負わせた場合に、器物損壊罪（property damage）といった罪に問われる程度です。

違法
illegal act

合法
legal act

ちなみに、20世紀に入ると「動物は人間の利益のために利用してかまわないが、不必要な苦痛付与や殺害は最低限のレベルに抑制して、生存中はより良き環境下に置こう」というイデオロギーが世界的に普及します。それが**アニマルウェルフェア**（animal welfare）です。このアニマルウェルフェア思想は日本にも輸入され、1973年には動物愛護法が成立しています。

ただし、いくらアニマルウェルフェアが普及しても、動物の権利や尊厳が無条件で認められたわけではありません。いまもなお、動物は人間にとって「**利用するモノ**」にすぎません。人間にとってニーズがある限り、動物の身体・労働力・生命を搾り取ることは合法です。動物には、人間の都合に合わせる限りにおいて、生存期間中に最低限の「**福祉**」が与えられるのみです。

一方、日本の労働者は、生物学上の**ホモサピエンス**です。「動物に近い」というのは、もちろん比喩的な表現です。しかし、その比喩は、**日本の労働者が置**

かれている現状を素直に表しています。動物と同じく、日本の労働者もまた、組織にとってニーズがある限り、労働力をどこまでも絞り取られます。組織の利益のためであれば、権利や自由を勝手に奪われます。彼らには、組織の都合に合わせる限りにおいて、最低限の「福祉」が与えられるのみです。

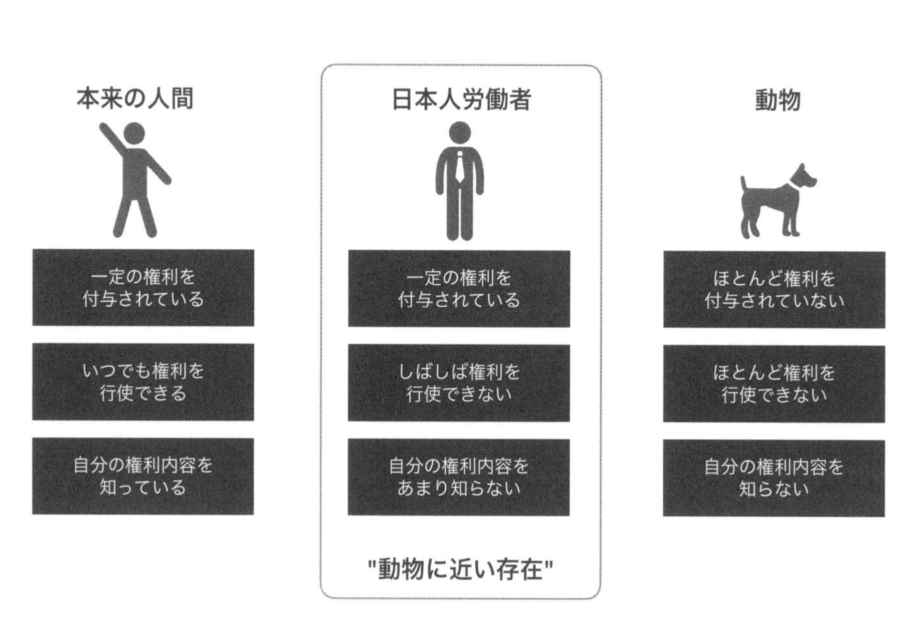

本来であれば、人間は、**生まれながらにして一定の権利を無条件で与えられています**。いかなる組織に属していようと、いかなる社会的地位にあろうと、いつでもその権利を行使してよい立場にあります。しかし、日本の労働者は、そのような権利をほとんど主張できません。

そもそも、いかなる権利があるか、どのようにしてその権利を行使するかについて、**学校教育でほとんど何も教えられていません**。学校の教員自体、労働者の権利を何も知らず、毎日のように過酷な労働に耐え忍んでいるだけの存在に過ぎません。

尊厳なき扱いを受け、権利を実質的に与えられず、生涯時間の大半を自分の支配者たちに管理され、その支配者たちに利用されるために生きている。ここまでくると、動物との違いが明瞭に見えてきません。あくまで比喩ですが、日本の労働者の大半は、動物に等しいとは言えないまでも、**動物に近い社会的地位にある**のです。

あなたは誰かに利用される存在である

繰り返しますが、日本の学校教育では、**労働に関する教育**はほとんど実施されていません。労働者になるための基礎的訓練（労働者教育）は受けますが、労働とは何かを学ぶ機会（労働教育）はほとんどありません。

労働とは何か。労働にはどのようなルールがあるのか。そのようなことに関して、日本の若者は、端的に言って無知です。大半の日本人は労働者階級であり、**賃金労働者としての人生**を歩むことが確定しているにも関わらず、この国の教育制度は、ビジネスや労働の仕組みを詳しく教えようとしません。

例えば、大学での授業アンケートを集計してみると、受講生の82％が「入社予定日の2週間前までならば、自由に内定を辞退できる」「退職の意思を示して

2週間経てば、自由に退職できる」という就職・退職に関する**「2週間ルール」**を知りませんでした。

内定承諾書・入社宣誓書のようなものにサインをしたら、その会社に必ず入社しなければならないと思いこんでいる学生も多数います。新卒入社後、会社側から「退職願は3ヶ月前までに提出せよ」と命令を受けていたため、退職願を出してから3ヶ月以上もイヤイヤながら勤務し続けたというケースもよく聞きます。**これが平均的な若者の知識レベル**です。

就職・退職に関する2週間ルールを知っていたか？

YES	NO
18%	82%

NOTE

就職に関して、民法627条1項には「当事者が雇用の期間を定めなかったときは、各当事者は、いつでも解約の申入れをすることができる。この場合において、雇用は、解約の申入れの日から2週間を経過することによって終了する」とあります。

いわゆる「正社員」として内定を得た場合、**入社予定日の2週間前まで**ならば、あなたは堂々と内定を辞退できます。前もって会社に対して内定承諾書・入社宣誓書のようなものを提出していても、それに法的効力はありません。内定辞退の理由を会社側に説明する義務も一切ありません。仰々しいお詫びの手紙を会社宛に書く義務もありません。メールで内定辞退の意思を簡潔かつ明確に伝えるだけでかまいません。

退職に関しても、民法627条1項が適用されます。「無期雇用」であれば、**退職意思を会社に伝えた2週間後**には、自由に会社を辞めることができます。2週間以内であっても、会社の承諾があれば、即座に退職できます。「退職願は3ヶ月前までに提出せよ」と会社が前もって命令していても、その命令は法律上無効です。

投資においても労働においても、最も重要なのは「**すみやかな損切り**」です。その仕事が自分にとって無価値に感じたり、その仕事に時間的損失しか感じなくなったら、スピーディに辞めるのが合理的選択です。

さらに言えば、現代の労働ルールは、国内の法律だけではありません。20世紀に入ると、日本も含めた世界各国が集まって**国際労働機関**（ILO: International Labour Organization）という労働に関する国際機関が設立されました。この国際労働機関は、およそ100年をかけて190のILO条約を採択し、国際標準の労働ルールを形成してきました。しかし、このILO条約において、いかなることが労働者の普遍的権利として認められているかに関しても、日本人の大半は何も知りません。

このような教育環境の下、読み書き計算がかろうじてできるだけで、なんら権利意識を持たない「**無垢で従順な若者**」が日本全国の高校・大学で大量生産されています。そのような人間が労働者になると、結果として、自らの権利を率先して放棄する社畜へと変貌します。

彼らの多くは、毎朝のように**満員電車**に収容されて就労先まで移送され、会社ではいかなる命令にも無条件で従い、**お茶汲み**をしろと言われれば、昔の女中のごとくお茶汲みを行い、顧客の前で**裸踊り**をしろと言われれば、涙を流しながら喜んで裸踊りをします。

彼らの多くは、粗悪な郊外住宅を購入するために35年ローンで**莫大な負債**を抱え、高額な民間保険に何種類も加入し、22年間で子ども1人あたり平均4000万円と言われる**莫大な養育費**を背負うようになります。この時点で、彼らの社畜精神は宗教的次元に達し、会社のためならば**違法行為**すら平気で実行し、**人権侵害行為**にすら平気で手を染めるようになります。

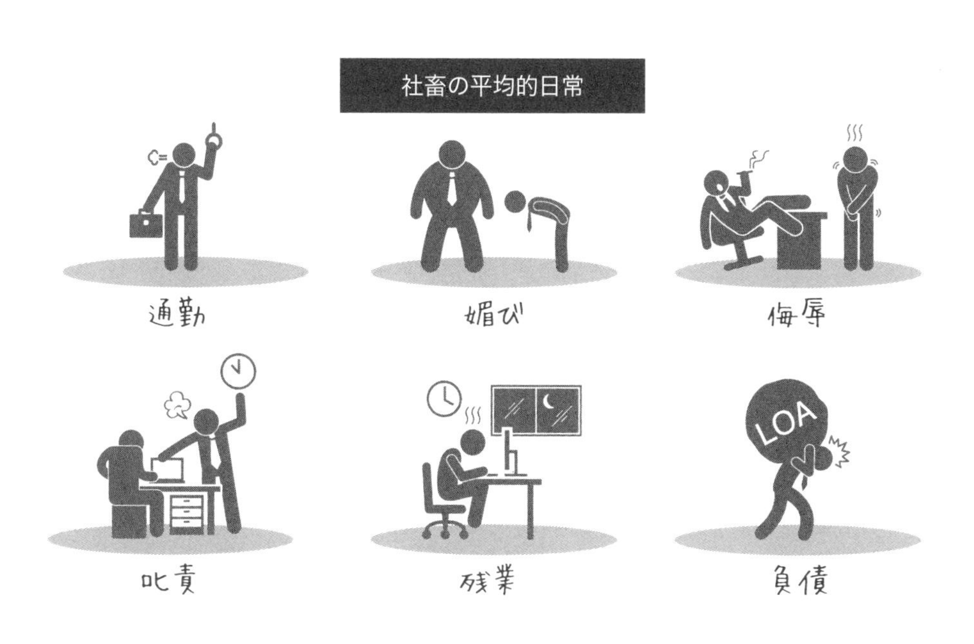

彼らの人生に、自由や平穏はほとんどありません。言い換えれば、ごくわずかな自由や平穏を得るために、もしくは「**いつかやってくる自由で平穏な人生**」を夢見て、莫大な不自由と苦痛を経験して死んでいく。それが平均的な社畜の人生です。

さて、この本を手に取ったあなたは、そのような社畜人生を目指しているのでしょうか。誰かに労働力として**生涯利用される**ために、わざわざこの世に生まれてきたのでしょうか。この国の**バカげた因習の犠牲者**となるために、これからも生き続けるのでしょうか。

あなたの生まれてきたこの国は、地上の楽園でもなんでもありません。この国はアジアによくある**人権後進国の1つ**にすぎません。教育、労働、婚姻、司法、参政権など、あらゆる分野において〈人権の後進性〉が指摘されている国家です。そのような国で、労働とは何かを知らずに労働の世界に参加することは、マージャンの仕組みも知らずに賭けマージャンに参加して魑魅魍魎（ちみもうりょう）たちからカモられ続けることに等しい。単なる自殺行為です。

労働とは苦痛である

LABOR IS PAIN.

労働の本質は苦痛である

労働とは、何かを生産する活動です。古代より、われわれホモサピエンスは労働を続けてきました。獣を狩り、果実を採取し、畑を耕し、食糧を調理し、衣服を縫い、子どもを育て、家屋を作り、祝祭で踊り、性を売り、兵役に就くことで、自らの属する共同体に何らかの**生産物**（products）をもたらしてきました。

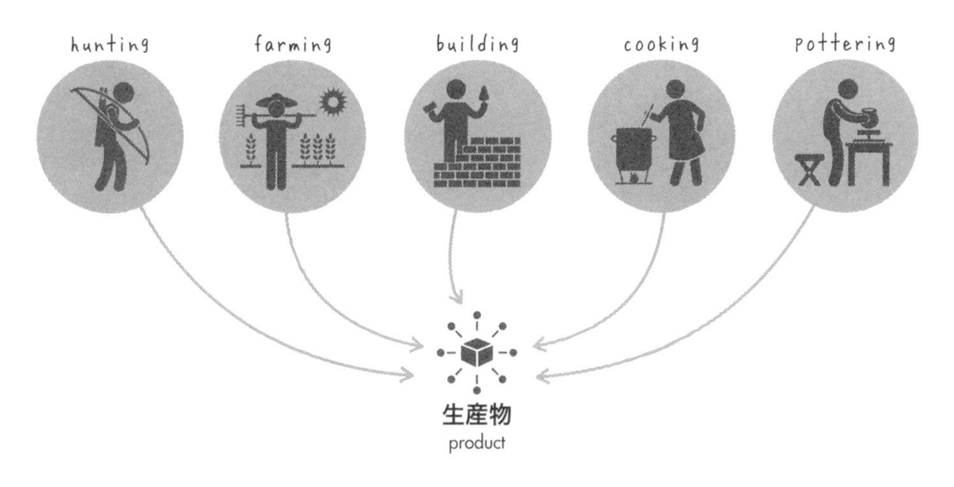

一方、古代から一貫して、労働の本質は**苦痛**（pain）です。狩猟にせよ農耕にせよ経理にせよ大学講義にせよ、ほとんどの種類の労働に共通して言えるのは、一定の身体的疲労や精神的疲労を必ず伴う点です。労働には、怪我、事故、ストレス、心の病気などがついて回ります。場合によっては生命の危機を伴います。労働の結果生み出した生産物のクオリティが低いと、周りからバカにされたり、怒られたり、殴られたりします。それが労働という行為の本質です。

NOTE

この点、経済学の世界では、しばしば、労働が「**不効用**」ないしは「効用に負の影響を及ぼす要素」として定義されることがあります。この場合の**効用**（**utility**）とは「満足」「欲望の充足」といった意味合いの専門用語であり、労働は、その効用に対してネガティブな存在として位置づけられます。

労働を苦痛とむすびつける価値観は、さまざまな地域や宗教で観察できます。例えば、**旧約聖書**（the Old Testament）によると、労働とは神がアダムに与えた罰でした。神は、堕落した男アダムに労働という苦痛を与え、堕落した女イブに出産という苦痛を与えたのです。もちろん、聖書は単なるフィクションです。しかし、古代からそのフィクションが世界中で多数の人々に読まれて、実感を伴う共感を得てきたことは、まぎれもない事実です。

NOTE

「アダムとイブの最初の労働」

17世紀スペインの画家**アロンソ・カノ**（Alonso Cano, 1601–1667）が描いた『アダムとイブの最初の労働』（1650）です。左には、土を掘る労働に従事するアダムの姿が見えます。右の女性は、わが子アベルをあやすイブです。中央に見える子どもは、アダムとイブの第一子カインと思われます。火をおこすために小枝を探しているのでしょう。

旧約聖書によれば、アダムとイブは、エデンの楽園において、働く必要もなく、苦痛も苦悩もない生活を送っていました。しかし、ヘビにそそのかされる形で、神の命令に背いて禁断の果実（知恵の木の実）を口にします。この**罪**（original sin）に対する罰として、神はふたりに対して**楽**

園追放（expulsion）の処分を下します。さらには、アダムに対して労働という苦痛を与え、イブに対して出産という苦痛を与えたのです。

聖書に書かれていることは「つくり話」に過ぎませんが、一方で、有史以来、人類が繰り返してきた愚かで哀れな営みを整理して、後世に伝える機能を果たしてきました。労働が苦痛であることも、出産が苦痛であることも、民族や文明のちがいを超えた**普遍的な現実**です。聖書は、そうした「世界のありよう」を網羅的に語り尽くしているがゆえに、時代を超えて読むに耐えうる「名著」となっているのです。

LABOR/WORK/PLAYを区別せよ

そもそも「労働」という言葉は、英語の**labor**を日本語に訳したものです。このlaborには「苦役」「苦痛を伴う活動」というネガティブな意味合いがあり、しかも「陣痛」を意味することもあります。また、労働を意味するドイツ語はarbeitですが、これも「つらい苦しみ」という意味合いを含んでいます。さらに、労働を意味するフランス語はtravailですが、これも「楽しくない活動」という意味合いを含んでいます。興味深いことに、このtravailもまた「陣痛」「産みの苦しみ」を指すことがあります。

ちなみに「労働」を意味する言葉として、laborではなく**work**が用いられることもあります。workはlaborよりもネガティブな意味合いが弱い言葉です。workには「著作物」「工芸品」という意味もあります。つまり、ヒトが自分の意思で何かを生み出す、自分のやりたいことをやる、という能動的な側面からも労働を表現できるわけです。

〈自分のやりたいこと〉をそのまま一生の職業にできたり、〈自ら作りたいもの〉を作り続けて人生を送れるのならば、労働に伴う苦痛も多少は軽減されるかもしれません。しかし、そのような**幸運な労働者**など、いつの時代も一握りしか存在しないことも厳然たる事実です。

逆にいえば、ほとんどの人間は、一度しかない人生時間を〈**本当はやりたくもない労働**〉に投入するのみです。もしくは〈本当はやりたくもない労働〉に〈やりがい〉や〈使命感〉といった神秘的感覚をムリヤリ見い出すことで、なんとか精神的安定を図りながら人生を送るわけです。

なお、labor/workに近い言葉であり、workよりもはるかに能動的でポジティブな意味合いをもつ言葉が**play**です。playには「遊ぶ」「戯れる」という意味があります。誰からも命令を受けずに、自らの判断でゲームに参加し、自分自身の求める価値・利益・快楽のために活動する。それがplayerです。例えば、投資家という職業は、laborerでもworkerでもなくplayerと呼ぶのがふさわしいでしょう。

労働と階級はつながっている

歴史の話に戻りましょう。人間の住むコミュニティは、やがて単なる〈部族社会〉から〈国家〉という巨大組織に進化します。その頃になると、同じコミュニティの中において〈あまり労働しなくともよい階級〉と〈常に労働しなければならない階級〉への分化が本格化します。いわば〈**義務としての労働**〉を常に押しつけられる下層階級が誕生します。

古代から中世にかけての平均的な社会階級の構造

古代のメソポタミア、エジプトなどでは、高度な文明国家が生まれました。しかし、それは同時に、ピラミッド型の**階級**（class）をも生み出しました。その頂点に立つのは、君主と神官たちです。彼らは、労働という苦痛に何らかの宗教的意味を持たせ、その労働に一生を費やす下層民たちに〈心の拠り所〉を与えていました。「お前の労働によって神の国が完成に近づいている」「この労働に耐えれば、死後の救済が約束される」――。このようなことを真に受けて、かけがえのない自分の人生時間を苦役に費やした人々は、古代から数知れません。

人類史を見渡すと、さまざまな地域において、古代より〈**労働に対する忌避と侮蔑**〉が見て取れる上に、階級上の地位の低い人間に対して〈労働という苦痛〉を押しつけていく社会構造が見て取れます。

NOTE

例えば、古代のギリシャやローマでも厳然とした階級が形成されています。奴隷民や下層民に〈義務としての労働〉が割り当てられ、階級の上層になるにつれて、政治や観想といったものに従事する自由人が存在しました。奴隷民たちは、しばしば「**しゃべる道具**」と呼ばれていました。

古代インドでは、のちに「**カースト**」と呼ばれることになる身分制度が発達しましたが、そこではヴァイシャとシュードラに〈義務としての労働〉が課せられます。特に、シュードラは、他の身分の者にとって〈やりたくない労働〉がすべて押しつけられる階級であり、インド社会における大半の苦痛を引き受ける存在でした。さらには、階級外の存在としてダリットという民が存在し、そのダリットの中でも細分化された職業格差が存在しました。

一方、中世ヨーロッパ諸国の多くでは、第一身分（聖職者）、第二身分（貴族）、第三身分（平民）という三部構成による階級が成立し、労働という苦痛の大半を**第三身分**に押しつける社会構造となっていました。さらには、第三身分の下にも貧民層が存在し、階級社会の最下層を担っていたのです。

かつてのフランス王国においても、第一身分（聖職者）と第二身分（貴族）の自由で豊かな人生を第三身分（平民）が支えていました。次のページはそれを揶揄する風刺画です。この**第三身分**が中心となって、1789年に**フランス革命**が起こり、王政は打倒されます。

注意すべきなのは、この第三身分の中にも、著しい**貧富の格差**が存在していた点です。企業経営者や地主などの富裕市民（俗にいうブルジョワ）もいれば、教師・医師・法律家などの専門職層も存在し、さらに、その下には、低賃金労働に従事する下層市民（俗にいうサンキュロット）も存在しており、革命後は、こうした第三身分の内部抗争が激しさを増していくのです。

A FAUT ESPERER Q'EU'S JEU LA FINIRA BEN TOT

一方、時として宗教や哲学といったものを通して「**労働の美徳**」が喧伝され、下層階級の担う労働に対して、宗教的・倫理的な意義が与えられていきます。

例えば、キリスト教社会における初期事例として、聖ベネディクト（480-547）がモンテカッシーノにおいて設立した**ベネディクト会**（OSB: Ordo Sancti Benedicti）が挙げられます。このカトリック最古の修道会では「祈りと労働 Ora et Labora」をモットーとして、修道士たちによる自給自足の労働生活が実践され、その労働倫理はやがて世俗社会にも影響を及ぼしていきます。

近代に入ると、このような人間文明をさらに高度化させたヨーロッパでは、**資本主義**（capitalism）という仕組みが形成されます。資本主義世界では、カネを持つ者が資本家階級として、価値ある会社に投資し、その会社を所有することで、会社の生む利益を自動的に手にすることができます。一方、そのようなカネがない人間は労働者階級となります。資本家階級に自己の身体を日々提供して生存させてもらっている存在です。

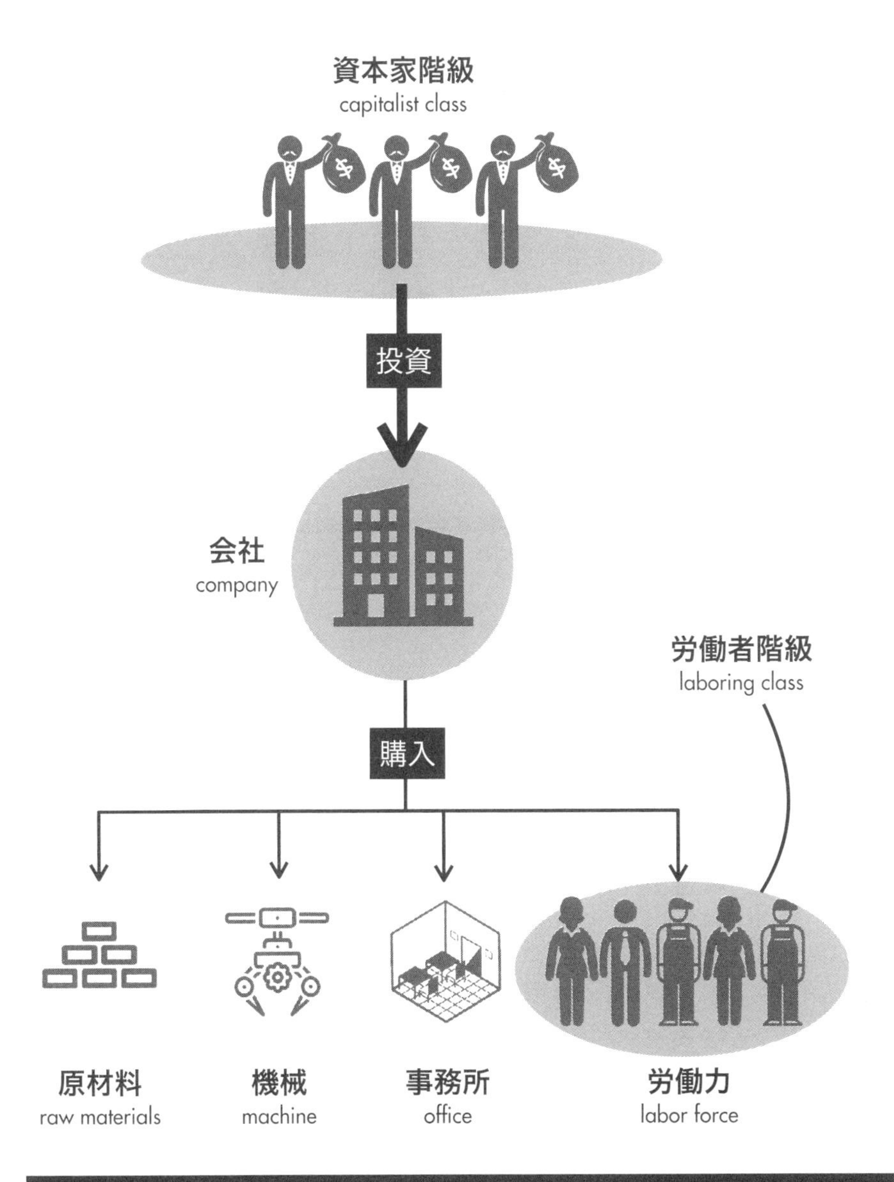

資本主義世界における階級

資本主義世界では、労働という苦痛がこの労働者階級にほぼすべて押しつけられます。そして、労働者階級の多くは、労働という苦痛に〈やりがい〉〈使命感〉〈感動〉〈天職〉といった**スピリチュアルな意味合い**を持たせることで、なんとか**精神的安定**を保っていきます。こうした労働の基本スタイルは、古代文明の時代からほぼ変わりがありません。この資本主義世界に関しては、Lecture11とLecture12において、改めて言及しましょう。

NOTE

宗教的側面から資本主義世界における労働者意識を解釈した著作として有名なのが、マックス・ウェーバー（1864–1920）の**『プロテスタンティズムの倫理と資本主義の精神』**（1904）です。大学生ならば必ず授業で読まされる文献なので、本書であえて解説するまでもありませんが、この『プロ倫』において重要な概念となるのが天職（Beruf, calling）です。

プロテスタント社会では、労働者は自らに与えられた労働を「**天職**」と捉え、その天職を果たすことによって神の意思をこの世に示そうとします。そして、こうした宗教観に基づく禁欲的で実直な労働者は、資本主義に適合する存在となっていきます。

このウェーバーの理論がどこまで正しいものかは置いておくとして、この「天職」というワードが、その**宗教的文脈**を超えて、現代の日本社会でも頻繁に活用されているのは興味深いところです。

労働とは負である

念を押しますが、労働とは苦痛です。もっと抽象的にいえば、労働とは**負の要素**（negative element）です。このことを多くの人々に指摘すると、決まったように批判的なリアクションが返ってきます。

私の大学同期で、大手マスコミや大手商社に勤めている人たちは「労働が苦痛かどうかは人による」「労働が負であるという定義は主観的だ」「ボクやボクの同僚たちは、毎日の仕事に喜びを感じている。苦痛など感じたことはない」などと、**黄土色の顔**を赤く染めながら怒鳴ってきます。

NOTE

この他にも「労働が苦痛となっているのは、下請会社に勤務している人間や、単純肉体労働に従事している人間に限定される。大手企業勤務の俺と一緒にするな」「うちの会社でも、全国の営業所をドサ回りしている営業ソルジャーを見ていると、ああはなりたくないなと思うよ」などと、労働者のあいだに**恣意的な線引き**をして、自分自身を「特別に恵まれた労働者」と位置づけるタイプの反論も存在します。

しかし、よく考えてみてください。いつの時代も、労働は何らかの**対価**（compensation）を求めて遂行される活動の一種でした。例えば、古代社会では、共同体の一員になる資格――すなわちメンバーシップを獲得するために、人々は労働力を共同体に提供してきました。

その後、貨幣経済の世界にシフトするようになると、ほとんどの労働は、対価としての賃金を求める活動になっていきます。つまり「その仕事を引き受けるので、その代わりにカネをくれ」ということです。**近代的な労働市場**（labor market）の登場です。

労働市場は「労働という負の要素を引き受ける代わりに、賃金という正の要素を受け取る」の繰り返しです。労働市場は、そもそも労働が〈負〉であるからこそ成立しています。労働が快楽や幸福感にあふれていて、苦痛も不自由もなく、いつまでも続けたい〈正〉の行為ならば、賃金があろうとなかろうと、みんな率先して労働します。そうでないからこそ、**労働と賃金の交換による市場**が形成されるわけです。労働市場において少しでも高く自分を売ろうとして、大学受験や資格試験勉強やコネ作りといった苦行に精を出すのです。

繰り返しますが、労働は**理論上の負**です。負であるからこそ、何らかの正なる対価が求められるのです。

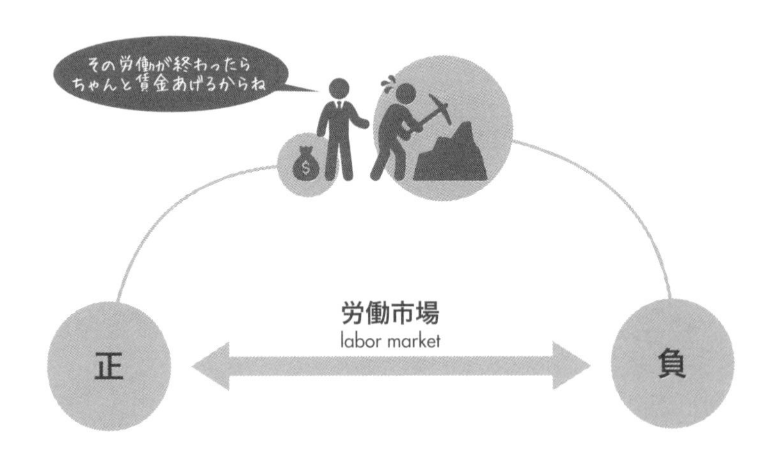

志望動機は1つしかない

就職活動中の大学生は、いろいろな会社の採用面接を受けるたびに**志望動機**(motive)を聞かれます。そのたびに就活マニュアル本に書かれているマニュアルめいた言葉を口にします。「御社の事業を通して社会貢献がしたい」「御社の商品に昔から魅力を感じていた」……etc。しかし、それらは本当の動機でしょうか。どこの会社を受けようと、本質的な志望動機はただ1つ。生きていくのにカネがいるからです。

生存するのにカネがいるから、カネと引き換えに苦痛に耐える。同じ苦痛なら、なんとか自分でも耐えられそうな種類の苦痛がいい。**その苦痛の種類選び**こそ、会社選びであり、業種選びであり、職種選びです。それ以外の志望動機など、単なる二次的・副次的なものにすぎず、もしくは、その場しのぎで作り出され、すぐに意味を失っていく「粉飾された動機」にすぎません。

大手企業の面接会場へと向かう学生たち（Photo by Kazuhiko Maeda. CC BY 2.0.）

もちろん、私は、日々の苦しい労働の中にささやかな喜びを見い出すのをやめろとは言いません。労働に人生の意義を求めてしまうことも時には精神衛生上必要かもしれません。しかし、それが度を越すようになると、もはや労働は**一種の宗教**となります。

そうした宗教が蔓延することによって最も得をするのは、株主や経営者といった会社上層部です。上層部からすれば、従業員たちが日々のつらく苦しい労働の中に、勝手に人生の意義を見出してくれたり〈やりがい〉や〈使命感〉や〈感動〉といった**宗教的感覚**を覚えてくれたら、これほど都合のいいことはありません。ある意味において「**社畜**」というワードは、労働者たちがそのような宗教にハマっていく過程を指しているのです。

LECTURE

.02

会社と従業員は敵である

YOUR COMPANY IS
YOUR ENEMY.

株式会社の「社員」は社員ではない

日本社会では、株式会社でフルタイム労働をしている人間を「社員」と呼ぶことがあります。例えば「ソニー社員」「NTT社員」「サイバーエージェント社員」といった言葉はよく耳にします。しかし、この「社員」という肩書は、あくまで世俗的通称あるいはマスコミ用語にすぎません。

一般的に誤解されていますが、日本の法制度上の定義では、株式会社の社員とは、**株主**（stockholder）のことです。「ソニー株式会社の社員」とは「ソニー株式会社の株式を保有している人間」のことであり、決してソニーに勤務する労働者のことではありません。株式会社で働いている人間を「社員」と呼ぶのは明白な誤りであり、日本社会に蔓延している〈言葉の誤用〉の1つです。

社員

member of company

そもそも社員（member of company）とは、文字通り「**組織の仲間**」を意味する言葉です。組織をともに支え運営していく仲間です。そして、株式会社という組織を構成し、株式会社を共に支える仲間とは、株主たちです。その株主たちが自らの代わりに会社運営をしてくれる役員（officer）を選び出し、その役員たちが会社を日々動かしていく。それが株式会社です。

株式会社は、利益を生む事業、会社を成長させる事業を遂行しないといけません。そのために必要な材料を購入していく。主なものとしては、土地、オフィス、機械、原材料、労働力などが挙げられます。この労働力（labor force）を提供する人間を従業員（employee）といいます。

従業員は、会社と雇用契約を交わし、会社の指揮命令下に入り、賃金という対価と引き換えに、労働力を提供していくわけです。すなわち、日本社会で俗に言われているところの「社員」とは、正確には「従業員」と呼ばれるべき存在です。そして、その従業員とは、会社の事業活動に必要な材料の一部にすぎないのです。

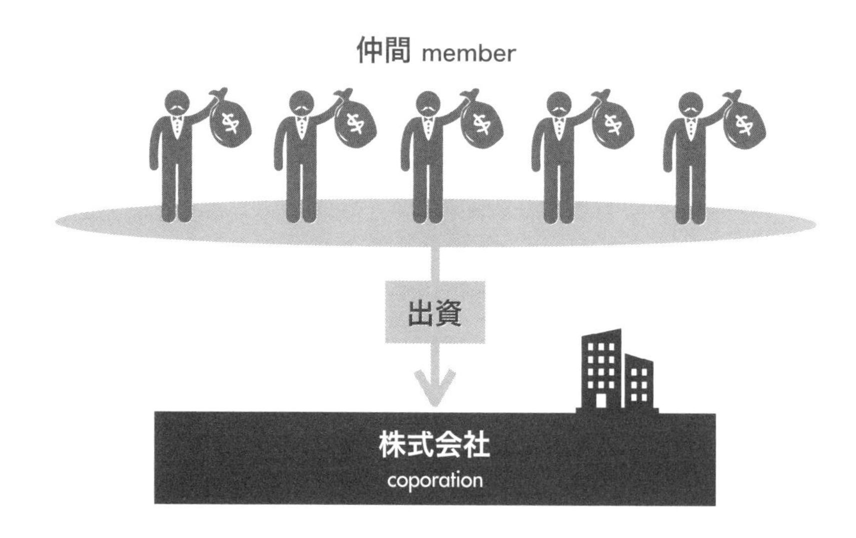

例えば、あなたが趣味で草野球チームを作り、近所の友人たちに声をかけて、自分自身を入れて9人のプレイヤーを揃えたとします。そのチームを支えるメンバーは、もちろんその9人です。9人の選手がチームを支え、チームを勝利に導くために活動するわけです。

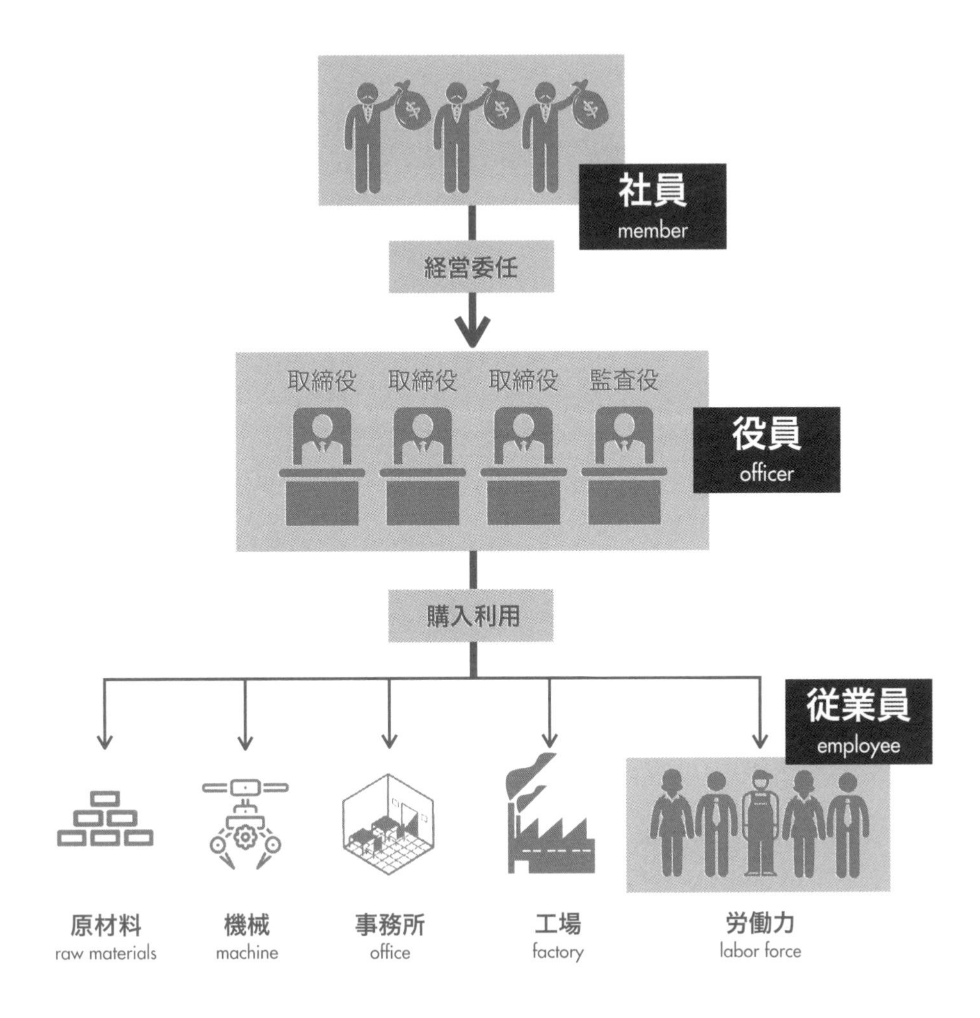

一方、草野球をするには、バットやシューズが必要です。しかし、そのバットやシューズを「仲間」とは言いません。単なる道具です。破れたり壊れたりすれば新しいものに買い換えるだけの存在です。そして、株式会社における従業員とは、そのバットやシューズのようなものです。株主や経営者といったプレイヤーたちが「ビジネス」というゲームで活動するために使う材料にすぎま

せん。

　ところが、日本では、そのような材料に過ぎない従業員を「社員」と呼ぶ慣行が続いています。「キミたちは会社というチームのメンバーである」「俺たち社員は、社長を中心にして会社を支えていく仲間同士だ」といった空気さえ生み出されます。会社と従業員は**運命共同体**（common destiny）であり、互いに利害の一致する関係にあると――。

あなたは会社の仲間ではない

しかし、それは明らかに間違っています。労働市場において、会社側は「少しでも安く労働力を買いたい」と考えます。一方で、労働者側は「少しでも高く労働力を売りたい」と考えます。その**対立する意思**が合意に達すれば、両者は雇用関係を結ぶわけです。契約を結んだ後も、労働者は賃金アップを求めます。一方で、会社側は賃金アップをできるだけ押さえ込もうとします。

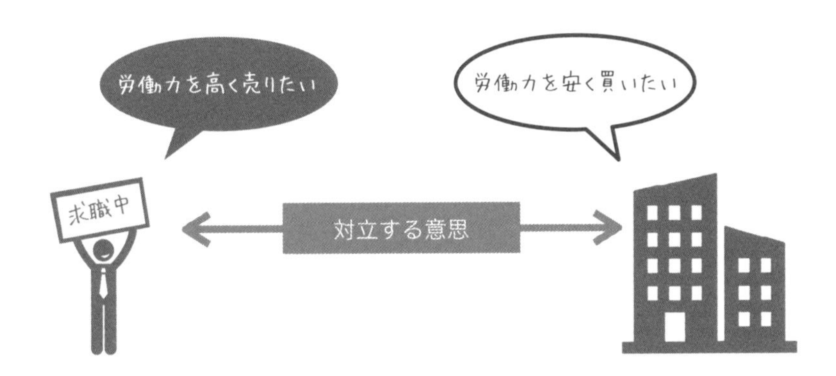

ところが、日本の職場では、「社員」という言葉に象徴されるように、この利害対立関係が隠蔽され、**粉飾された仲間意識と共同体意識**が蔓延しています。その結果、会社は、従業員に対して、雇用契約の内容を超えた違法な労働奉仕を無遠慮に要求するようになります。従業員側も、あたかも株主や経営者の目線で労働するようになります。その結果、労働者の人権を自主的に放棄していくわけです。

日本が世界に誇るビジネス文化である「サービス残業」「過労死」「社畜」といった現象は、こうした**利害対立関係の隠蔽**の下に続いています。

あなたに会社の利益を考える義務はない

あなたが会社に入ると、上司から「**会社全体の利益**を考えて行動しろ」「会社全体のために何ができるかを考えろ」といったことを要求されるかもしれません。しかし、そのような要求を従業員に課すことは、株式会社の制度上、明らかに間違っています。

詳しくは次章で述べますが、会社全体の利益を考えて行動する法的義務を負っているのは、従業員ではなく**役員**です。役員は、会社のオーナーである株主から委任される形で、会社全体のために行動する地位にあります。役員が会社の利益を損なう結果をもたらした場合、場合によっては役員の地位を追われ、場合によっては株主から損賠賠償を請求されます。

一方、従業員は、会社の利益を考えて行動する地位ではありません。従業員に求められているのは、会社の指揮命令に従いながら、**自らの職務**に取り組むことです。従業員は、あらかじめ決められた労働時間に会社の指揮命令下に入っていれば、毎月のように賃金を要求する権利があります。会社側は、自社の財務状況が黒字だろうと赤字だろうと、従業員に対して必ず賃金を支払う義務があります。

もちろん、自分の勤務する会社が倒産すれば、自分の職も失います。その意味では、会社全体の利益がどうなっているかは、従業員に対して多大な影響を与えるものです。ゆえに、従業員が自らの属する会社・部署に対して「いまの業務内容には問題があるのではないか」などと**自主的に発言すること**は許されるべきです。

しかし、それはあくまで自主的なものでなくてはなりません。会社サイドから従業員に対して「会社全体の利益を考えろ」と強要することは、**会社制度の構造**から見れば、明らかに間違っています。

そもそも、自分の勤務する会社に経営上の危機が生じているような場合は、すみやかに退職して別の会社に移ることも検討すべきです。そのために労働市場が存在するし、職業選択の自由が存在します。いま在籍している会社に生涯しがみつく必要はありませんし、**沈みゆく泥舟**をなんとか支えようと必死になる必要もありません。いずれにせよ、あなたには会社全体の利益を考える法的責任など一切ないのです。

人間とモノを区別せよ

繰り返しますが、従業員とは、会社の仲間ではなく、会社が事業活動の必要に迫られて**調達する材料**にすぎません。会社が購入するパソコンや文房具やトイレットペーパーとほぼ同等の存在です。

ただし、文房具を破壊したり、トイレットペーパーを燃やすことは所有者の自由ですが、労働力を買う場合は事情が異なります。端的に言えば「**ヒトを買う**」わけですから「モノを買う」行為とは性質が異なります。

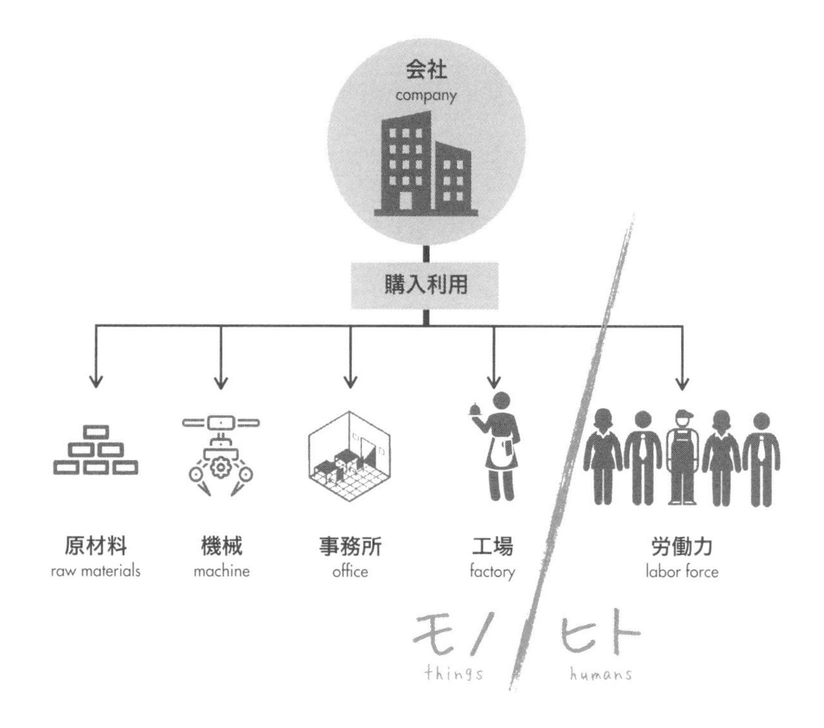

文房具やパソコンといったモノは自分の権利を主張できませんが、人間には自分の権利を主張する資格があります。「俺がカネを出して購入したのだから、その購入した労働者をどう扱おうと俺の自由だ」「お前は単なる材料なのだから、いかなる命令にも黙って絶対服従しろ」とはいかないのです。同じ「材料」といえども、人間とモノは区別される必要があります。そうした配慮を定めているのが〈**労働法**〉と呼ばれる一連の法的ルールであり、〈**人権**〉と呼ばれる政治的理念です。

しかし、日本の学校は、そうした**労働ルール**を生徒たちにほとんど教えようとしません。日本の子どもたちの大半が将来、賃金労働者として——すなわち、会社の材料として——人生を歩むことは、誰しもわかっていることです。ところが、そのような子どもたちにとって最重要の知識となる労働ルールが、小中高大のいずれの段階でも、必修科目として設置されていないのです。

その結果、子どもたちは、残業には事前の同意が必要なことも、サービス残業が違法であることも知らずに、労働者になっていきます。会社と従業員が利害対立関係であることも理解せずに、会社を自分にとって**唯一の居場所**としていくのです。

そもそも、日本の教育は、小学校から大学に至るまで〈**労働者の育成**〉を最優先課題としています。一定の品質を保った労働者を大量生産して、常に社会に供給することこそ、学校教育の主たる役割です。その学校が「労働とは何か」を詳しく教えてしまっては、子どもたちを**忠良なる労働者**にすることができないわけです。

LECTURE

.03

役員と従業員を見分けよ

SEPARATE OFFICERS AND EMPLOYEES.

役員と従業員は別の生き物である

会社という空間には、さまざまな肩書きの人間が存在します。相談役、アドバイザー、顧問、会長、社長、副社長、CEO、COO、CFO、代表取締役、取締役、執行役、監査役、会計参与、常務、専務、執行役員、部長、課長、主任、フェロー、アカウントエグゼクティブ、エバンジェリスト……etc。しかし、大半の肩書はいい加減なものにすぎません。会社ごとに勝手に作っている単なるニックネームです。

シンプルに見れば、あなたの働く職場に存在する人間は、主として**役員と従業員**という2種類に分けられるだけです。

役員とは、会社とのあいだで**委任契約**という種類の契約を結び、株主に代わって会社を運営する人間です。会社から指揮命令を受けることなく、自分自身の意思によって、会社全体の利益のために行動することが求められています。

一方、従業員とは、会社とのあいだで**雇用契約**という種類の契約を結び、賃金と引き換えに労働力を提供する人間です。会社から指揮命令を受けながら、自分に課せられた職務に日々取り組むことが求められています。

役員とは何か

日本人の中には、役員のオジサンオバサンを「従業員のヒエラルルキーの一番上にいる人」とイメージしている人がいますが、そもそも役員は従業員ではないのです。会社と結んでいる契約の種類そのものが違います。それゆえに、法的地位も役割も異なっています。役員と従業員は「**別の生き物**」と理解すべきです。

では、まずは役員について詳しく見ていきましょう。日本における役員は、**取締役**、**監査役**、**会計参与**の3種類に分かれます。

・取締役……会社の経営方針を決める人
・監査役……会社が不正をしていないか監視する人
・会計参与……取締役と一緒に会計上の書類を作る人

ただし、会社内に存在する役員の大部分は取締役です。取締役こそ、いわゆる「**経営者**」のことであり、会社組織の中核に位置する人々です。監査役や会計参与も、会社組織を語る上で重要な存在ですが、本書のテーマからは若干外れます。本書では、初心者向けにシンプルに話を進めるため、役員＝取締役という意味合いで、話を続けていきましょう。

NOTE

日本の社会科教育では、株式会社の構造は、国家の**三権分立構造**に例える形で説明されることがあります。株主総会という「立法機関」が会社の基本方針を決定し、取締役会という「行政機関」がその基本方針に基づいて具体的な経営戦略を決定します。監査役会という「司法機関」は、そうした会社の活動に不正がないか否かをチェックするわけです。ただし、国家にせよ会社にせよ、こうした表向きの権力分立が実質的に守られているとは決して断言できません。

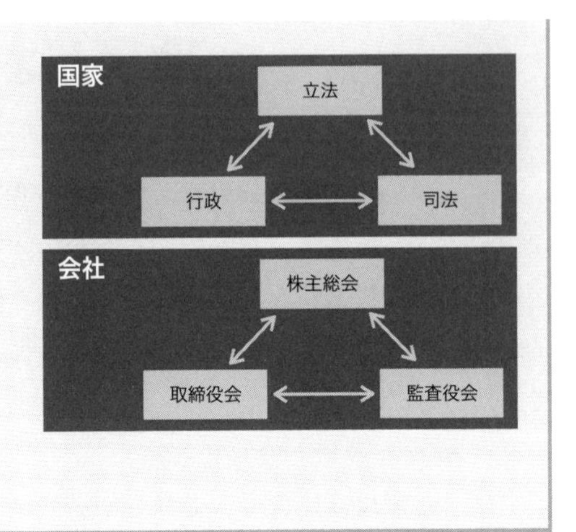

先ほど言ったように、役員は、**委任契約**という契約を結んで、役員ポストに就きます。一般市民が法律トラブルを解決するために弁護士に依頼することがありますが、その際に弁護士との間で交わす契約も委任契約です。

要するに、委任契約とは「あなたの能力を信じていますから、**ご自由なやり方**で行動してください」というタイプの契約です。自由に任せられているので、いつどこで何をしようと、週何日ほど会社に来ようと、原則として自由です。会社から具体的な指揮命令を受ける立場ではありません。

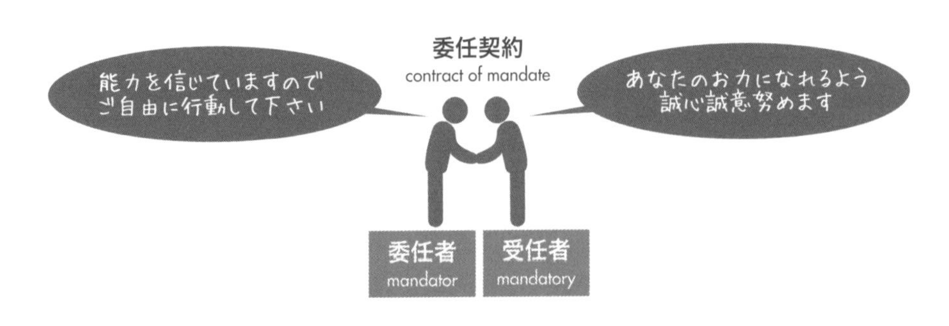

NOTE

ただし、日本では「**名ばかり取締役**」という問題があります。形式上は、委任契約によって取締役の地位に就いている人間が、実際には、従業員と同じように、厳密な出社時間と最低労働時間を会社から指定され、しかも、日常的に会社からの指揮命令に従いながら労働させられている、というケースが存在するのです。

会社側とすれば、その人間をあえて取締役にしておけば、残業代を支払う必要もないし、給与も一方的に減額できるし、解任（実質的な解雇）することも簡単です。

あなたも、ある会社から「我が社の取締役になりませんか」と言われたら、何らかの裏の意図があるものと疑ったほうがいいでしょう。うかつに取締役になっても、場合によっては、**経営責任**を取らされて、損害賠償を請求される事態すらありえます。

役員に求められているのは、**高度な経営能力**を生かして、常に会社全体のことを考えて行動することです。「この取締役は会社全体の利益に貢献していない」「この役員は、経営者としての能力が低い」などと株主たちから判断されたら、株主総会において解任されたり、損賠賠償の訴訟を起こされることもあります。

経営者の肩書は虚飾にあふれている

経営者の肩書には「会長」「社長」「副社長」「専務」「常務」「相談役」「顧問」など、一見してエラそうなものがズラっと並んでいます。しかし、これらは法律上の明確な定義がある公式名称ではありません。あくまで、対内的・対外的に、その人物の社内地位や職制を示すために、会社ごとに作られた**私的な通称**です。それゆえ、例えば、専務と常務の違いなどは曖昧です。単に「専務は常務より格上」といった曖昧な習慣的了解がある程度です。

NOTE

ただし「社長」「副社長」などについては、会社法354条で「株式会社を代表する権限を有するものと認められる名称」と規定されており、**若干の公的性質**を持つ表現と解釈することも可能です。

最近よく見かけるCEO（最高経営責任者）やCOO（最高執行責任者）も、やはり法律上の定義がある公式名称ではありません。日本企業が**米国のビジネス用語**を私的に取り入れているだけの俗称です。日本の会社制度と米国の会社制度は、構造的に異なる部分があります。その差異を無視して、日本の株式会社の内部にCEOやCOOといった米国由来の概念をムリヤリ挿入しているのです。なかには、米国の会社制度を何も知らずに、単に「欧米的でカッコいいから」という理由でCEOを名乗っている経営者も存在します。

NOTE

経営コンサルタントの冨山和彦（1960-）が2017年7月7日の毎日新聞朝刊上のコラムにて指摘していますが、本来、CEOは「最高経営責任者」ではなく「最高執行責任者」と翻訳されるべき概念です。アメリカ企業の最高経営責任機関は取締役会（board of directors）であり、CEOはその取締役会によって選任され、その取締役会から業務執行権（executive power）を付託されているポストです。chief executive officerとは、文字通り、**execute（執行）する地位**を指しているのです。

そもそも、こうした翻訳上の混乱が見られる背景には、**アメリカ型の会社構造**を何も把握せずに「CEO」というワードの見栄えの良さだけに注目し、日本型の会社構造にそのまま適用して理解しようとする日本社会の滑稽さが存在します。

また、戦前の日本では、取締役の中でも最上位の者を「筆頭取締役」略して「**頭取**」と呼ぶ風潮がありました。この点、伝統と格式を重んじる銀行業界では、いまだにこの「頭取」という肩書を使い続けています。ただし、新生銀行やあおぞら銀行のような新興銀行では「頭取」ではなく「社長」を使用しています。いずれにせよ、銀行業界における「頭取」もまた法律上の公式名称ではありません。

では、株式会社の経営者を示す公式の肩書とは何か。繰り返しになりますが、それは「取締役」です。もう少し詳しく言うと、会社を代表して対外的に行動できる**代表取締役**（representative director）と、代表権を有していない**取締役**（director）に分かれます。

代表取締役は、単なる取締役よりも幅広い裁量と権限を有する役員ポストです。あなたも、役員のオジサンオバサンに出会った際には、その人物が**代表取締役**なのか、取締役なのかを必ず把握しておきましょう。

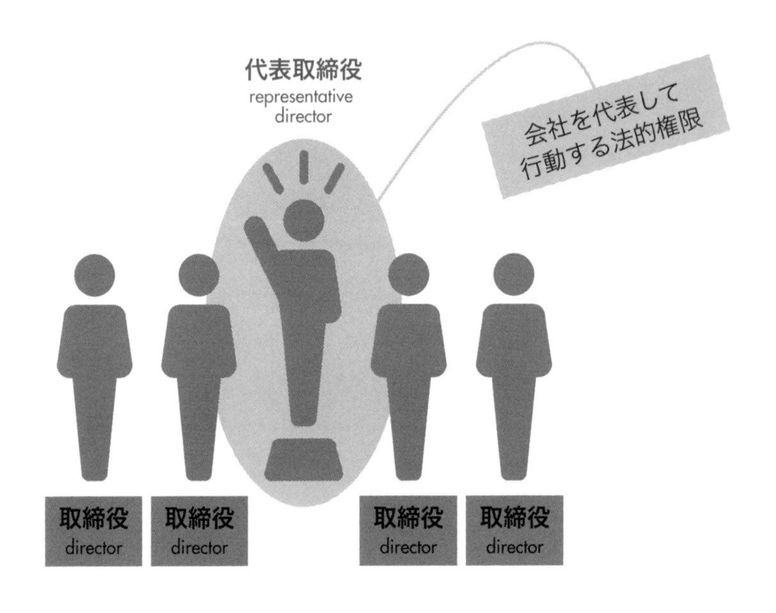

ちなみに、社内で「顧問」「専務」「COO」と呼ばれて偉そうな顔をしているオジサンオバサンがいても、実際によく確かめてみると、代表取締役でも取締役でもない、単なる従業員に過ぎないというケースがあります。また「社長」「CEO」という肩書の人物がいても、よく見ると単なる取締役に過ぎず、代表取締役ではないケースもあります。

こうしたいい加減な肩書が度をすぎると、ビジネス上のトラブルになりかねません。役員なのか従業員なのか、代表取締役なのか取締役なのかもわからない**不明瞭な表記**は、できる限り避けるべきです。

従業員はみな「従業員」である

一方、従業員は、会社とのあいだで**雇用契約**という契約を交わす存在です。従業員は、役員と違って、自由に行動できるわけではありません。労働時間中は、会社からの指揮命令に従う義務があります。事実上、自分自身の身体を会社に管理される存在です。

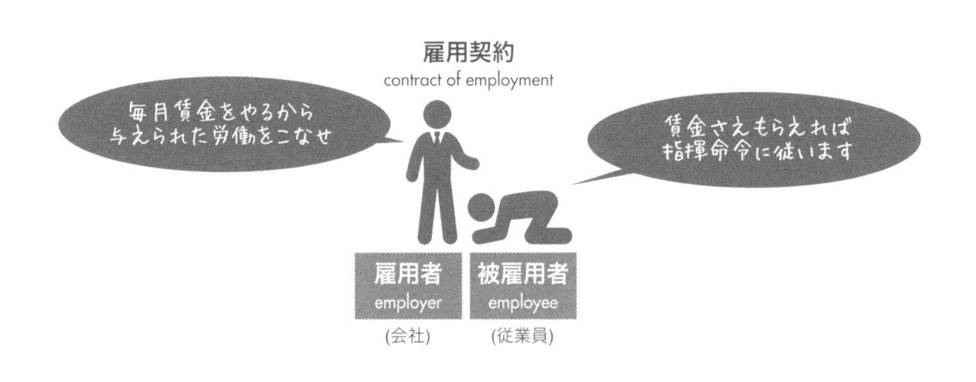

その代わり、前章でも指摘しましたが、従業員には、**会社全体のこと**を考えて行動する義務などありません。「会社の利益が下がっているぞ。どうなっているんだ」と株主たちから説明責任を追及されることもありません。会社の指示に従って自分の役割を担っていれば、具体的な利益を出そうが出すまいが、毎月のように賃金を要求できる地位です。

日本では**従業員の呼び方**も多種多様です。「正社員」「正職員」「常勤職員」「非常勤職員」「契約社員」「アルバイト」「パート」「嘱託」……etc。しかし、これらはすべて日本社会の習慣として使われているだけの俗称にすぎません。

俗称ですから、会社によって意味も異なってきます。「正社員」「契約社員」に至っては、前章で説明したように、本来は**株主**のことを指す「社員」というワードを含んだ表現となっています。よけいな誤解を生まないためにも、なるべく避けるべきニックネームです。

繰り返しますが、これらはあくまで俗称であって、正確な定義などありません。ゆえに、その意味を深く考え込む必要はありません。実は、日本の労働制度においては、従業員は4種類の雇用タイプに分けられるだけなのです。すなわち、**無期雇用**、**有期雇用**、**フルタイム雇用**、**パートタイム雇用**です。ここから

は教科書的で無味乾燥な説明が続きますが、必ず押さえておいてほしい内容なので、我慢してお付き合いください。

第1に、**無期雇用**とは、契約期間を限定しない雇用契約を結ぶことです。特別の事情がない限りは、期限なしに雇用がずっと続いていく契約です。ただし、多くの日本企業は、定年制という仕組みを設けており、60歳や65歳といった一定の区切りで、無期雇用の契約を終了させることになります。

NOTE

なお、この無期雇用契約は、定年までの**終身雇用**を保証するものではありません。民法628条では「やむを得ない事由があるときは、各当事者は、直ちに契約の解除をすることができる」としています。裁判所の判例でも、一定の条件を満たせば、無期雇用従業員をクビにすることを可能としています。会社の経営が悪化したり、事業そのものの大幅な見直しが余儀なくされたら、無期雇用の従業員だろうと、クビ切りの対象になる可能性は常にあります。

第2に、**有期雇用**とは、契約期間を限定した雇用契約を結ぶことです。3ヶ月契約、1年契約、3年契約といった形になり、その期間が終わった時点で契約も終了します。ただし、双方の合意によって契約が更新される場合もあります。

第3に、**フルタイム雇用**とは、会社ごとの所定労働時間をすべて労働に費やすタイプの雇用です。所定労働時間とは、会社が決めている「わが社の従業員が本来働くべき時間」のことです。

例えば、NTTの所定労働時間は、原則として月曜から金曜までの週5日で、就業時間は9時から17時30分となっています。概して、NTTのフルタイム従業員は、月曜から金曜まで毎日出社して、毎日9時から17時30分までは、会社の指揮命令下に入らなければなりません（ただし途中で休憩時間が入ります）。

第4に、**パートタイム雇用**とは、会社ごとの所定労働時間のうち、一部分しか労働に費やさないタイプの雇用です。例えば、週5日勤務となっている会社において週3日のみ勤務する従業員、1日7時間30分が労働時間となっている会社において1日3時間のみ勤務する従業員などがパートタイム雇用に該当します。

ここまで、従業員の雇用形態を4つに分けました。すると、日本中に存在する従業員は、この4種類をかけ合わせる形で、次の（1）～（4）に分類されます。

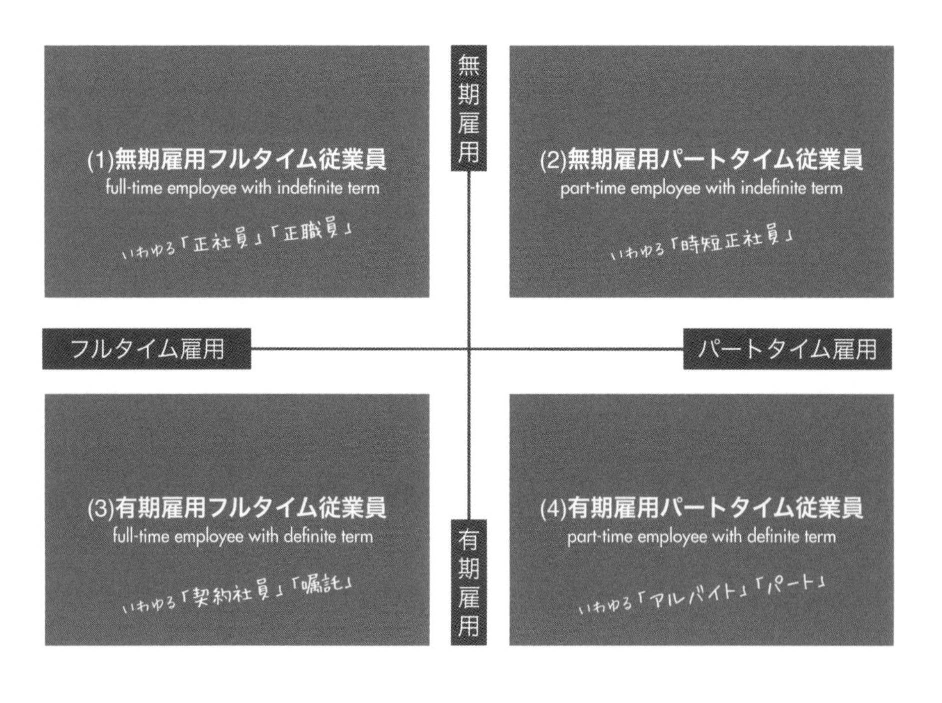

日本企業には、従業員の呼び名にもさまざまな種類があり、しかも会社によって意味が異なる。ますます頭が混乱してきます。しかし、法制度上、重要なのは「無期雇用か有期雇用か」「フルタイムかパートタイムか」の2点だけです。すべての従業員は**みな同じ「従業員」**にすぎません。あとは雇用契約のタイプごとに小さな区別がつくだけです。それだけをシンプルに押さえておけば、どれだけ意味不明なニックネームの従業員に遭遇しようと、大した問題は起こりません。

NOTE

副次的に、もう1種類の従業員の分け方があります。それは「**管理監督者か否か**」という区別です。従業員の中には、会社経営者と一体の立場になって、一般従業員を管理監督する従業員がいます。それが管理監督者です。管理監督者は、一般従業員とは異なり、自分の勤務時間について大幅な裁量権が与えられており、賃金に関しても、一般従業員よりもはるかに高額なものとなっていることが原則です。その代わり、管理監督者は、一般従業員が労働法によって与えられている〈労働者の権利〉の一部を失うことになります。

なお、日本企業には、表向きは管理監督者のように振舞って一般従業員にあれこれと指図しながら、実際には、勤務時間の裁量権をほとんど与えられておらず、賃金水準も一般従業員とたいして変わらないオジサンオバサンが大勢います。いわゆる「**名ばかり管理職**」です。

会社はあなたに役員の責任を押しつける

この章で言いたいのは、表向き職場で用いられている**俗称・愛称**に惑わされず、どのような人間に出会っても「この人は法制度上いかなる地位にあるのか」を正確に把握すべき、ということです。それぐらい、会社という組織では「見栄」「虚飾」「詐称」「ごまかし」があきれ返るほどに蔓延しています。はじめて会社に入る若者にとって、戸惑うこと、騙されることが多すぎるのです。

ちなみに、日本企業では、従業員として数十年その会社に居続けると、役員に「昇進」することがあります。というより、日本企業では、従業員の身分からエスカレーター式で役員の身分に切り替わるパターンが多い。いったん従業員として会社を退職して、改めてその会社と委任契約を結んで役員ポストに就くわけです。言い換えると、日本企業の役員は、従業員の**出世コースの「上がり」**として位置づけられる。役員と従業員との人事上の連続性が存在するのです。

従業員がそのまま役員になるということは、裏を返せば、古株役員たちに昔から仕えてきた**忠実な従業員**が役員ポストに「昇進」させられる、ということです。例えば、そのような人間が取締役（director）になって取締役会（board of directors）に参加したところで、その会社を牛耳っている古株役員たちの経営方針に対して批判的な意見を述べることは殆どありません。

必然的に、取締役会は、取締役たちが相互に「適正な経営行動をしているか」を批判しあって議論する場ではなく、その会社のヌシたる古株役員たちを頂点として、他の役員たちがそれに付き従うだけの「**ムラ社会**」に陥ります。もは

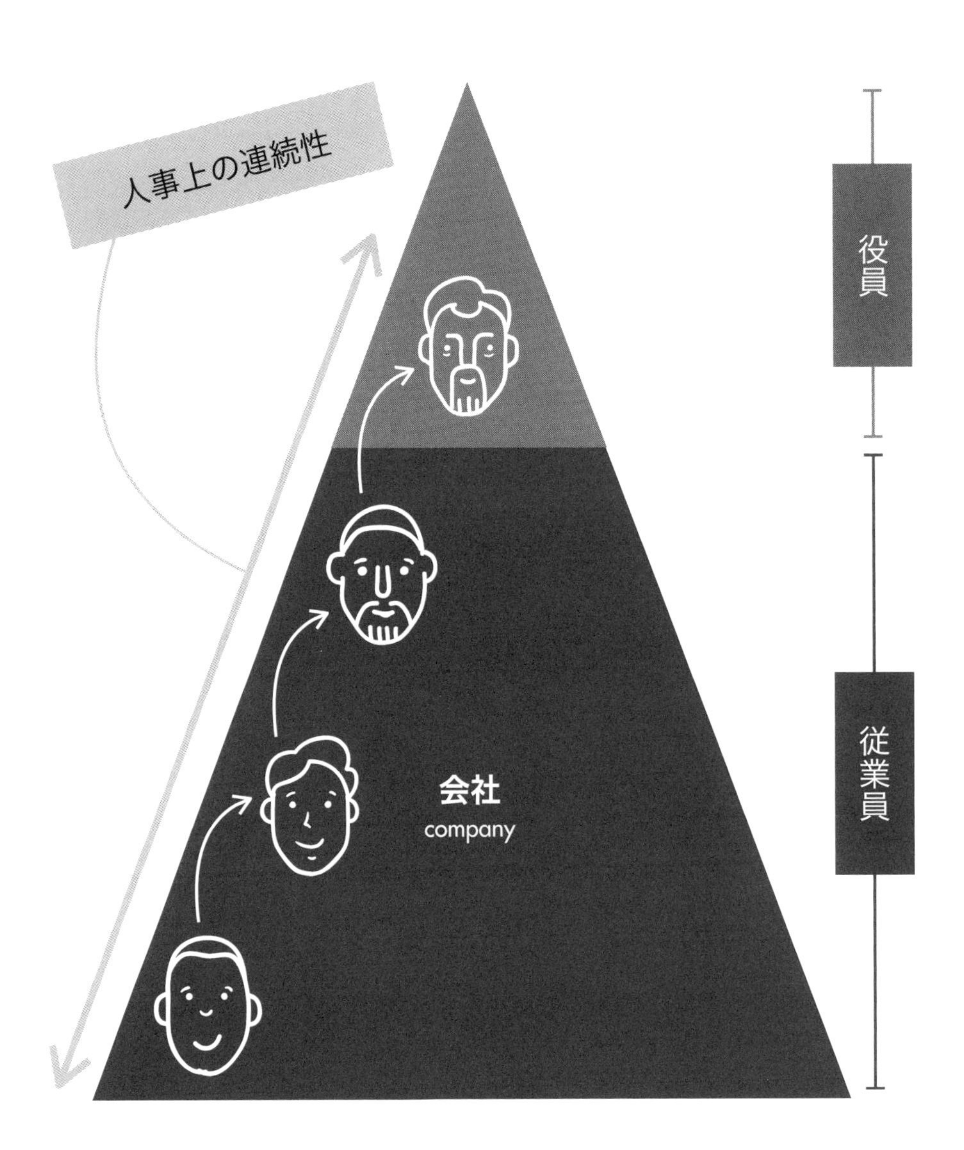
人事上の連続性
役員
従業員
会社
company

や会議でもなんでもないわけです。

そもそも、取締役は**経営という職業のプロ**でなくてはなりません。プロだからこそ、株主もフリーハンドで「ご自由に行動してください」と会社経営を一任できるわけです。

しかし、日本企業では、長年にわたって一社に奉公してきた従業員に対して、取締役ポストが用意される。経営に関する学識も経験もない**ズブの素人**が、単に「営業マンとして頑張ってきたから」「古株の役員たちから気に入られているから」という理由だけで、その会社の経営陣に加わる。はたから見たら恐怖そのものです。しかし、日本企業ではそういう恐怖の慣習が平然とまかり通っています。

取締役になる上で本来求められるもの

経営能力

日本企業の取締役に求められるもの

忠誠度　勤続年数

さらに致命的なのは、日本企業のように、**役員と従業員の線引き**が曖昧になっている組織だと、役員と同レベルの責任意識を従業員にも課す社内文化がいとも簡単に発生する点です。「会社の利益を考えて行動しろ」「会社のために何ができるかを常に考えろ」などと、本来は役員に対して要求されるものが、従業員に対して要求されるようになるわけです。従業員たちも、それに違和感を抱くこともなく、会社全体の利益のために、率先して長時間労働やサービス残業をこなしていきます。

そもそも従業員たちの大半は、学校教育において「役員と従業員の違い」「会社と従業員との利害対立関係」といったことを学ぶ機会はほとんどないわけです。ゆえに、頭の中身が「**白紙状態**」のままで入社し、先輩従業員から「常に会社全体のことを考えて行動しろ」と言われたら、それを鵜呑みにして過労死するまで会社に奉仕する人格となるのは必然です。

繰り返しますが、役員と従業員は別の生き物です。単なる雇用契約を結んでいるだけの身分であり、その会社によって利用される「**材料」にすぎない従業員**が、会社全体の利益に対して責任感を持つなど、あまりにバカげています。

LECTURE

.04

労働とは
イデオロギーである

LABOR IS IDEOLOGY.

正社員はイデオロギーである

日本企業には「正社員」と呼ばれている人間が多数存在します。この呼称は、本来ならば株主のことを指す「**社員**」というワードを含んでいて不適切な表現であることは、すでに前章で指摘しました。

その問題は置いておくとして、「正社員」という表現を素直に解釈すると「**正しい従業員**」「**本来あるべき正統な従業員の形**」という意味になります。これは、労働というものを説明する上で非常に興味深いワードです。

まず「正社員」は、法律上の定めがある公式名称ではありません。単なる俗称です。俗称ゆえに「正社員」の正確な定義などは存在しません。ただし、日本社会における「正社員」の平均的な意味合いを観察すると、前章で説明した4種類の従業員のうち、(1) **無期雇用フルタイム従業員**を指すことが多いわけです。

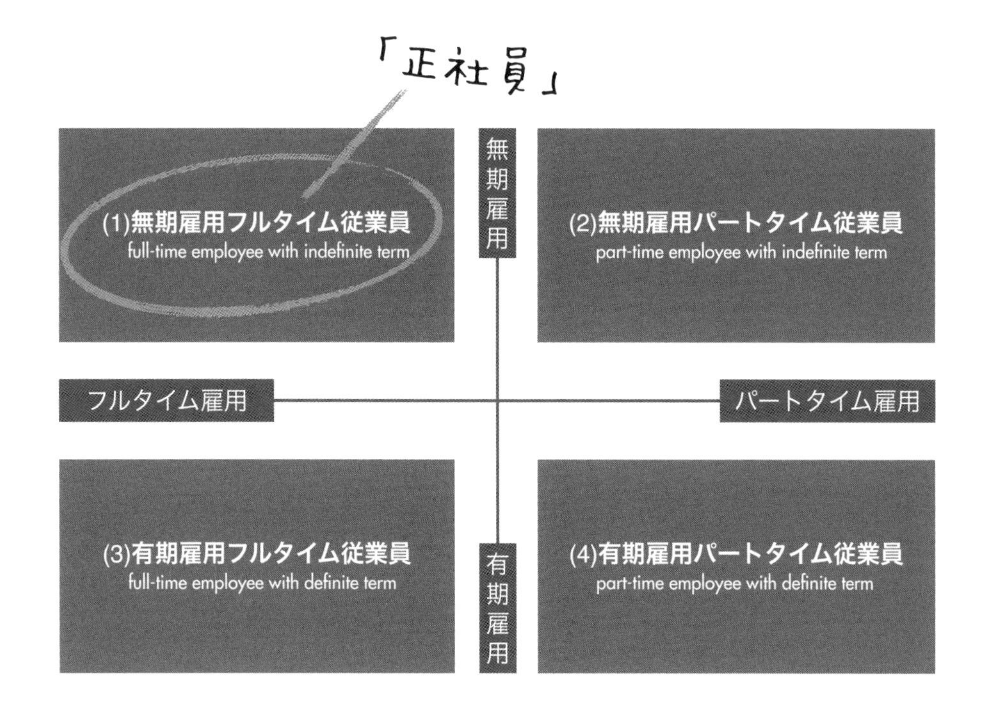

無期雇用ということは、その会社に長期間にわたって勤続することを想定した存在です。かつ、フルタイム労働ということは、自分の生活時間の大半をその会社のために投じる存在だということです。そうした働き方をする従業員こそが、戦後日本では「**正統な従業員**」と表現されてきたわけです。

しかし、そうした生き方／働き方が「正統である」という価値基準には、なんの客観的根拠もありません。人類史全体を横断する歴史的普遍性もありません。また、そうした価値基準を**万人に押しつける**ことには、現実問題として無理があります。

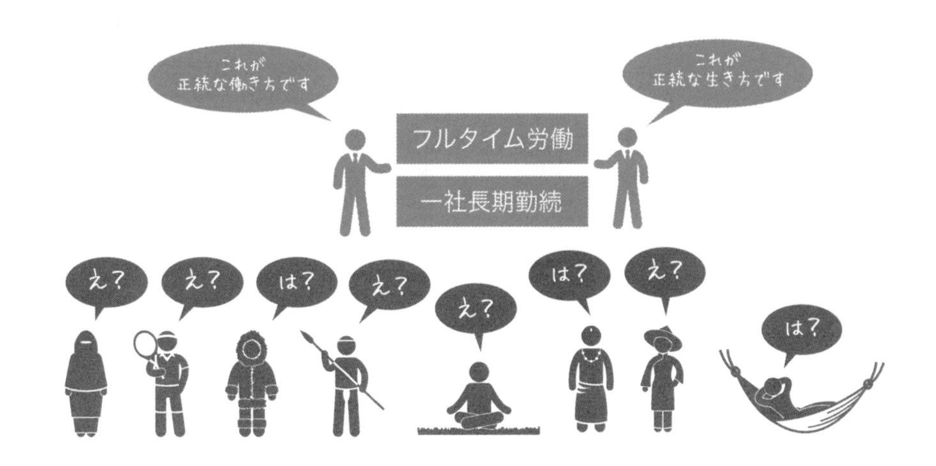

例えば、筆者の私は、1日3時間以上の労働はできません。それ以上は、体力も気力も持ちません。無理です。また、私は毎朝、朝風呂に1時間浸かった後、ベッドでアイスクリームを食べながら、時代劇「必殺シリーズ」を観るのが15年以上続く習慣となっています。こうしたライフスタイルは、なかなか修正できそうにありません。無理をして「正社員」の生活に励んでも、せいぜい3ヶ月でギブアップです。

そうした性根の人間は、いつの時代もたくさん存在したことでしょう。しかし、現代日本では、長期継続労働+フルタイム労働こそが正統な働き方だというイデオロギーが確固として存在しています。多くの人間が、そのイデオロギーに自分自身を**ムリヤリ適応させて**生きているわけです。

東京に住んでいれば、毎日のように、同じような服装をした労働者が同じような時間帯に駅に駆け込み、満員電車に押し込められていく地獄の光景を目の当たりにします。ある意味において、それは、上から与えられた「**正統さ**」に**ひたすら追従し続けている**人間の群れとも表現できるでしょう。

「東京駅のプラットフォーム」

帰りの電車を待つ東京の労働者階級を映した写真です。

彼らは、これから単に満員電車に押し込められるだけではありません。その電車の中では、さまざまな広告を事実上強制的に目にしていきます。転職情報誌、ゴシップ誌、住宅ローン、消費者金融、自己啓発書、栄養ドリンク、新築タワーマンション。手元のスマートフォンを開けば、アフィリエイト広告、ゲリラマーケティング、課金型コンテンツなどを織り交ぜたさまざまなサイトを閲覧させられることになります。彼らは労働者であるがゆえに**画一的で均質的なライフサイクル**を強いられます。そのライフサイクルを狙い撃ちにする形で、さまざまな商業的装置が社会の隅々にまで組み込まれ、彼ら労働者は、消費者としても徹底的に利用されていくのです。

労働とはイデオロギーへの屈服である

この章で言いたいことは、いつの時代も、労働者になるというのは、単に労働と賃金を交換するだけではなく、その労働空間に組み込まれている**イデオロギーの体系に屈服する**ことでもある、という点です。

ほとんどの労働は、組織に組み込まれた組織的行動（organizational behavior）の一部です。かつ、社会とのつながりを常に持つ社会的行動（social behavior）の一部です。多かれ少なかれ、労働者は、その時代ごとに、組織や社会を支配する特定のイデオロギーに合わせて、**統一的・画一的な規範**を強要されていきます。

例えば、労働空間においては、話し方や身振り手振りといったものから、テーブルにおける席の位置に至るまで、目に見えない社会規範が存在します。服装もそうです。時代ごとに「この種類の労働者は、このような外見をしろ」という服装規範が存在します。「受付員が名札をつけていないのはおかしい」「運転手が帽子をかぶっていないのはおかしい」「飲食店の店員が制服を着ていないのはおかしい」会社はそうした社会規範を**服務規律**（service disciplines）として従業員に押しつけていくわけです。

営業は背広を着ろ

受付員は名札をつけろ

店員は制服を着ろ

運転手は帽子を被れ

また、現代の労働者にとって、**電話番号**は「当然持っておくべきもの」となっています。履歴書には必ず電話番号欄があります。ほとんどの求人応募者は、その欄に自分の電話番号を記入する作業を行います。就職してからも、多くの会社では「携帯電話は当然持っておくべきもの」との前提の下で指揮命令を受けます。携帯電話を持っていない場合は、会社から強制的に支給品として持たされることも多い。この電話という存在も、現代の労働空間に漂う社会規範の一種です。

ちなみに、筆者の私は、3GSの頃からiPhoneを使い続けていますが、現在は携帯電話番号を持っていません。電話という旧時代のコミュニケーションツールは、私の平穏な生活に煩わしさを与えるだけだからです。ゆえに、私のiPhoneは、単なるデータ通信端末にすぎません。他者とのコミュニケーションには、SkypeやTwitterのメッセンジャー機能を使うだけです。最近は電話のかけ方や作法もほとんど忘れました。

携帯電話を延々と触り続ける東京の労働者階級

私のような人間は、どこの会社に履歴書を送っても、書類選考すら通らないでしょう。その職務ができるできない以前に「電話番号は当然持っておくべきもの」というイデオロギーを無視する**非正統な人間**は、相当の確率で労働空間から排除されるわけです。

時間規範というイデオロギー

労働空間を支配するイデオロギーとして、さらにわかりやすいのが〈**時間**〉です。日本のビジネス社会は時間規範が厳密だと言われます。電車は予定時刻通りに発着するのが通常ですし、職場でも出社時刻に1分1秒遅刻しただけで管理監督者から叱責・訓告を受け、遅刻常習を理由にした解雇も見受けられます。

しかし「日本人は時間に厳格な民族」というのは一種の神話です。2001年の名著『**遅刻の誕生——近代日本における時間意識の形成**』（橋本毅彦・栗山茂久、三元社）に詳しく述べられていますが、日本社会に時間規範が普及したのは昭和に入ってからのことにすぎません。それ以前の日本社会では、従業員が30分

三代目歌川広重（1842-1894）が1875年に描いた東京横浜間の汽車の有名な絵です。

日本全国に普及した**鉄道**は、単なる交通機関ではありませんでした。鉄道の普及を通して、日本に標準時が導入され、さらには分単位の時刻という概念が日本人全体に浸透していきます。鉄道は単なる乗り物を超えて、日本人の精神構造に多大な影響を及ぼす存在となります。近代日本にとって、**鉄道はイデオロギーそのもの**だったのです。

や1時間の遅刻をしてくることや、汽車が1時間遅れで発着することなどは日常茶飯事でした。明治期、来日してきた西欧人たちは、日本人労働者があまりに時間にルーズであることに呆れ返っていました。

しかし、時間規範の欠如は、殖産興業をめざす政府や財界にとっては不都合です。そこで、日本政府は教育政策や宣伝政策を通じて、日本人に時間規範を植えつけていき「人間は時間通りに行動しなければならない」を**国民道徳＝国家公認のイデオロギー**として普及させたわけです。

NOTE

戦前の公教育が果たした役割の1つが、日本人の精神に**時刻**（clock time）という概念を植えつけることでした。毎日、1分1秒違わずに授業開始の鐘が鳴り、全員がその時刻に合わせて教室に入っていく――この行動パターンを繰り返すことによって、日本人は分単位の時間規範を身につけていくことになります。

「日本の女子学校」

「日本の会社は、出社時刻には厳しいが、退社時刻にはルーズだ」という自虐的なジョークをよく聞きます。確かに、日本企業では、出社時刻に出社しているかは厳しくチェックされますが、退社時刻になったらすみやかに退社するよう要求されることは稀です。日本社会は時間に厳しいはずなのに、なぜそのような「**ルーズな退社**」になってしまうのでしょうか。

答えは簡単です。そもそも、日本社会における厳しい時間規範は、庶民のあいだから自然発生的に生まれた文化ではなく、政府や財界の都合に合わせて急ごしらえで作られた**人為的なイデオロギー**に過ぎないからです。ゆえに、時間規範は、権力者たちにとって都合のよいケースにおいて、場当たり的に適用されるのみです。

言い換えれば、この国には「**上にとって都合が良い時にのみ時間通りに行動せよ**」というイデオロギーが存在し、そのイデオロギーに大勢の労働者が屈服しながら、日々の生活を送っているのです。

勤続というイデオロギー

本章の最初に「勤続」という言葉が出てきました。文字通り「同じ会社に勤め続ける」ことです。戦後日本においては、この勤続（continuous service）も確固としたイデオロギーとして労働空間を支配し続けています。

日本の労働市場では、ある「正社員」の人間を評価する際に「**○○株式会社に勤続○年**」という表現がよく使われます。いかなる大手企業の「正社員」であっても、勤続1年で辞めている場合は、労働市場における評価は低くなりがちです。

21世紀の日本社会では、転職市場も活性化しつつありますが、それでも会社を転々とする労働者は高い評価を受けにくいのが実情です。短期的に転職を繰り返す労働者のことを、21世紀の用語では「**ジョブホッパー**」と呼びます。そして、日本社会では「ジョブホッパー」にそれほどポジティブな意味合いはありません。

結局のところ、いったんどこかの会社に入社したら、その会社に**定年まで勤め上げる**ことこそ、正統な労働者の在り方であるという価値観が、いまもなお日本社会を支配し続けているわけです。

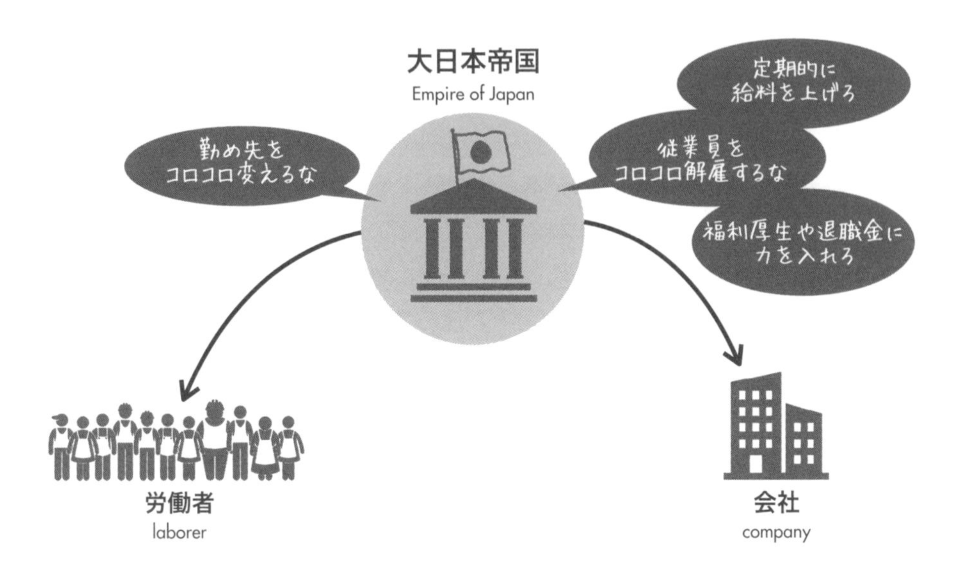

経済学者の野口悠紀雄（1940-）が、著書**『1940年体制』**（1995年、東洋経済新報社）の中で詳しく論じていますが、この長期勤続という慣習が日本社会に浸透し始めたのは、昭和初期のことです。すなわち、国民総動員体制が敷かれて、日本国民全員が戦争への資源として投入されていく総力戦の時代のことでした。

それ以前の日本社会では、労働者がより良い待遇と賃金を求めて**職場を渡り歩く光景**は日常茶飯事でした。しかし、日本が戦時に入ると、多くの成人男性が徴兵され、日本国内で深刻な人手不足が生じます。同時に、戦争に向けて、日本列島全体が一種の「軍需工場」となり、大量の労働力が必要となります。

その結果、政府による**労働市場への介入**がはじまり、労働力の安定供給を計画するようになります。まず政府は、労働者が職場をあちこち渡り歩くのを規制するようにしました。一方で、会社が労働者を自由に解雇するのを規制したり、長期勤続している従業員を定期昇給させたり、社内の福利厚生を充実させたりといった措置をとるよう会社側に要求していきます。

戦後の日本社会も、この戦時体制の仕組みを引き継いで、長期雇用、年功序列賃金体系、企業別組合、退職金カーブといった長期勤続を促す慣行が普及していきます。一社において長期でフルタイム労働することが「正統な働き方」となっていくのです。要するに「正社員」「勤続」とは、総力戦体制が生み出した**特殊な時代の産物**でした。

NOTE

退職金制度は、表向き、従業員の退職後の生活を会社が支援してくれる「優しい制度」であるように見えます。しかし、実際問題としてみると、本来、従業員たちに毎月支払うべき人件費の一部を会社が留保して、数年後、数十年後まで、その**支払を延期する制度**にすぎません。

そもそも、賃金とは、従業員が毎月提供した労働への対価です。ゆえに、会社は、毎月すみやかにその全額を従業員に支払うべきでしょう。それを勝手に長期間留保し、さらには、その人件費の一部を長期勤続者に横流しする行為は、労働者の「**公正な賃金をすみやかに受け取る**」権利を侵害しています。

退職金制度という事例1つを見てもわかるように、日本社会には「**賃金は労働に対する対価**」という本質を歪める因習が多数存在します。

野口悠紀雄は、戦後日本経済を支配している制度・文化・価値観の多くが、戦後になって突然生まれたものではなく、1940年前後の戦時体制の下で——すなわち「**1940年体制**」の下で——発生したものであると指摘しました。1990年代以降の日本が没落の一途にあることは誰の目にも明らかですが、野口悠紀雄は、その主因の1つが1940年体制にあると説いています。

1940年体制と日本の没落との因果関係については、ここでは置いておきましょう。しかし、21世紀の日本人労働者がいまだに1940年体制に影響を受け続けていることは確かです。今日も、日本の労働者たちは、この「勤続」というイデオロギーに従って、現在の勤務先にいかなる不満があろうと、そこから逃げ出さずに、その不満に耐え続けている。われわれは、**数十年前の戦時体制の下でいまだに生きているのです。**

われわれはイデオロギーを変えられるのか

繰り返しますが、人間が労働者として生きることは、単に労働することのみならず、労働空間を支配するイデオロギーに強く影響を受けることをも意味します。「自分はこう生きたい」「自分はこのように日々行動したい」という内なる信念の多くを自主的に放棄させられる。それが「**労働者になる**」ということなのです。

時間にルーズな性格だった人間も**分刻み**で行動する人格になり、Macの美しい画面に慣れ親しんだ人も**Windows**の画面を毎日眺めるようになり、ネットを避けて生きてきた人間もSNSやメッセンジャー上で大勢の人間と**コミュニケーション**を取るようになり、**化粧**すると吐き気がする女性も毎朝ファンデーションを塗りたくるようになり、**敬語**を使いたくない人間も敬語を使うようになり、スニーカーをこよなく愛する女性も**ハイヒール**を毎日履くようになり、学生時代は嫌なことから逃げまくっていた人間が、勤務先でどれだけ嫌なことがあっても死ぬ覚悟で**耐え忍ぶ**ようになる――。

あなたが労働者になるということは、労働空間にすでに設定されている一式完成された「イデオロギーの体系」に24時間365日体制で影響を受け続けることを意味します。その体系の中には、バカげた因習にしか見えないものもあれば、個人の尊厳を踏みにじる慣行もあります。しかし、労働者一人ひとりはあまりに小さく、**イデオロギーという大波**に立ち向かえるほど強くはないわけです。

分単位で行動せよ

常にコミュニケーションを取れ

目上の者を敬え

Windowsを使え

女なら化粧しろ

女ならハイヒールを履け

幸いなことに、現代の労働者には〈人権〉という武器があります。どのようなイデオロギーが蔓延していたとしても、自分の個性・適性に応じたライフスタイルを主張できるはずです。例えば、欧州では、**多様な生き方・働き方**が政治的に認められ、政府がそうした自由をサポートしている国も多い。日本でも、そのような自由を得たいのであれば、最終的には政治の力を用いるしかありません。この〈労働者と政治〉については、この本の終盤において、再び言及していきましょう。

LECTURE

05

肩書とは虚飾である

TITLES ARE MADE FOR VANITY.

株式会社の「面接官」は「面接官」ではない

私自身もそうですが、ホモサピエンスという生き物は、文字を作り、階級を作り、人間一人ひとりを人為的に色分けするようになった頃から「**見栄を張る生き物**」になりました。自分自身をポジティブな言葉で着飾るようになったのです。

そうしたホモサピエンスの性質を極端に露呈させるのが、労働という空間です。この本ですでに述べたように、労働世界は多種多様な肩書であふれています。そして、その肩書の多くがいかに見栄と虚飾に満ちたものであるかについても触れました。この点、本章では、あなたが労働者となり、さまざまな人間や会社に遭遇した際に「**騙されてはならない**」重要なポイントを指摘しましょう。

まず、日本の民間企業では、入社希望者との面接を担当する従業員が「**面接官**」と自称することがあります。もしくは、会社がその従業員に「面接官」という肩書を与えることがあります。しかし、これは日本語の明白な誤用です。

日本における「官」とは、律令時代より、**朝廷に属する官吏**に与えられる職業上の地位を示す漢字です。現在でも、行政府および司法府に所属する公務員のみが名乗るものです。例えば、自衛官、裁判官、事務官などが典型例です。

政府に属しているわけでもない単なる民間人が、法律上の根拠もなく「官」を名乗ることは、その人物の**公的地位**を誤解させることにつながります。公共空間においては本来控えるのが望ましい不適切な行為です。

では、民間企業の従業員が「面接係」「面接担当者」ではなく、わざわざ「面接官」という不適切な肩書を名乗る理由はなんでしょうか。当然ながら、それは「**自らの権威づけ**」です。この国では、古来より、官吏は民間人よりも身分の高い存在であり続けました。「官」と、一般人たる「民」という人間の区別があり、「民」は「官」から常に見下される存在でした。福澤諭吉は、こうした風潮を「官尊民卑」と呼び、その弊害を指摘しましたが、現在もなお、その風潮は残存しています。現代の民間企業における「面接官」は、その伝統と権威ある「官」を利用することで、応募者に対して「私は偉い人間なんだぞ」とアピールしているわけです。

こうした「**無理のあるマウンティング**」に走る人間は、いつの時代も無数に存在します。この世に存在するオジサンオバサンの大半は、自分の名前を名乗ったところで、若者から敬意を払ってはもらえません。「あなた誰？」で終わってしまう無価値な人間ばかりです。そういう人は、自らの肩書を必死に塗り固めることで、なんとか若者に向けて、自分の権威らしきものをアピールするしか選択肢がないわけです。

あなたもこれからは、**民間企業の就職面接**に行った際に「面接官」を名乗るオジサンが現れたら「私は民間企業を訪問したつもりなのですが、ここは官庁なのですか？」「なぜ民間企業の人が官をわざわざ名乗っているのですか？」と質問しましょう。おそらく、その「面接官」は、顔を真っ赤にしてわめき散らすか、急ぐようにして面接を打ち切るかのいずれかの行為をとるでしょう。

「執行役員」は役員とは限らない

最近、日本企業では「執行役員」という肩書のオジサンオバサンが増えてきました。就職活動でも「執行役員」のネームプレートをぶら下げた人間が面接担当者として現れることがあります。しかし、この「執行役員」もまた、人間が肩書を欲しがる生き物であるがゆえに流行しているものです。

まず言っておきますが「執行役員」は法律で定められている公的な名称ではありません。これもまた、会社ごとに勝手に作り出した**私的な称号**です。だから、一口に「執行役員」といっても、会社によって、その権限や役割はバラバラです。ある会社では、法律上の役員が「執行役員」を名乗ることもあれば、単なる従業員にすぎない年配従業員が**権威づけ**のために「執行役員」という肩書を会社からもらっている場合もあります。

NOTE

この点「執行役員」とは別に「**執行役** executive officer」という肩書が存在するので、混同しないように注意しましょう。「執行役員」は単なるニックネームですが、「執行役」は指名委員会等設置会社(company with nominating committee, etc)という特殊な種類の株式会社において、業務執行権を行使できることが法律上定められている重要な公式ポストです。

	性質	役割	選任方法
執行役	法律上の地位	業務執行の責任者	取締役会の決議に基づく
執行役員	私的な肩書	会社によって異なる	会社によって異なる

「執行役員」が問題なのは、その名称が一見して**法律上の役員**らしく見えてしまう点です。なにしろ「役員」という2文字が入っている肩書です。しかし、実際に、その執行役員が法律上の役員なのか従業員なのかは会社によって異なる。非常にまぎらわしく、本来であれば避けるべき名称表現です。

そもそも「執行役員」という肩書は、90年代に**ソニー**が作り出したものです。当時、ソニーは取締役の数があまりに多く、取締役会のスリム化に迫られていました。長年にわたってソニーで働いてきたオジサン従業員たちを次々と取締役の地位に「昇進」させてきたせいです。そこでソニーは取締役の数を減らす代わりに「執行役員」という新たな従業員の肩書を作って、そこに大量のオジサンを押し込んだのです。

オジサン従業員からすれば、法律上の役員になれるかどうか、自分自身が実際にソニーの経営に関与できるかどうかは、大して重要ではありません。**見栄を張れる肩書か、世間体がいい肩書か**。それが重要なのです。ですから「執行役員」という一見して役員に見える名称は、社内でスムーズに受け入れられました。これが「執行役員」という肩書の由来です。

この「執行役員」という虚飾に満ちた肩書は、その後、多くの日本企業に普及していきます。会社としては取締役の人数はこれ以上増やせない。一方で、古株従業員たちのプライドを満足させられる社内ポストが必要だ。その意味で「執行役員」は実に便利な名称でした。なにしろ、役員っぽく見える肩書でありながら、法律上の役員としての権限は何一つ与えなくていいわけです。ゆえに、多くの日本企業で**「執行役員」のバラマキ**が起きたわけです。

NOTE

日本社会で「執行役員」という新たな肩書を導入する際に持ち出されたタテマエ上の理屈は**「経営と執行の分離」**理論でした。日本企業では、取締役が「経営監督責任」と「業務執行責任」のいずれをも背負う地位にある。その2つの責任を分離するのが合理的な会社構造である。取締役は「経営監督責任」に注力し、新設ポストの執行役員が「業務執行責任」に注力すべき、というのです。

「経営と執行の分離」は論争的な組織理論であり、本書はその是非について論じることを避けましょう。しかし、少なくとも言えることは、現在の「執行役員」現象は、そのような「経営と執行の分離」理論とは関係なく、単に**「見栄を張れる肩書のバラマキ」**という意図の下に広まっている点です。おそらく、日本中に存在する執行役員のオジサンオバサンたちの大半は「経営と執行の分離」理論そのものを何も知らないでしょう。

あなたも、社内や社外で「執行役員」という肩書のオジサンに遭遇したら「あなたは執行役員ということですが、法律上の役員なのですか？　それともただの従業員が**役員らしく見える肩書**をもらっているだけですか？」と確認してください。ほとんどの執行役員は、急いでその場を去るか、意味不明な言葉を並べ立てて言い訳をしてくるかのいずれかです。

あなた執行役員ですって？
法律上の役員なんですか？
それだけ確認させて下さい
私の肩書は法律上というより
経営と執行の分離に
基づくところの○×△？）＊％

「協力会社」とは下請のことである

このような肩書をめぐる見栄と虚飾は、個人のみならず会社レベルでも起こります。その代表的ケースが「**協力会社**」というものです。

ビジネス社会では、ある事業の責任者である会社が、別の会社に対して、業務の一部を請け負わせることがあります。約束の期日までに仕事を達成すれば、報酬が支払われます。この業務を請け負う会社のことを「**下請会社**」と言います。

NOTE

下請け（subcontracting）は、民法では元請人－下請負人の関係を示すワードですし、下請法では親事業者－下請事業者の関係を示すワードです。いずれにせよ、ある業務を注文する発注企業に対して、受注企業が従属的立場にあり、対等な価格交渉力をほとんど有さない点こそ「下請け」の実質的意味です。

下請会社の多くは**中小企業**です。要するに、大企業が「自社でわざわざやるべきものでない業務」を中小企業に丸投げするわけです。中小企業とすれば、大企業から仕事をいただけるだけでありがたい。大企業から仕事を安値で引き受けて、自社の従業員に低賃金でやらせることになります。

就職活動中の大学生からすれば「下請会社」と聞いただけで、その会社へのエントリーを避けたくなるのではないでしょうか。下請会社の大半は、大企業の**雑用係**のようなものです。しかも、その雑用は、たいして知的技能を必要としない単純作業だったり、身体と精神を過酷にすり減らす苦役であったりする。

さらに言えば、下請会社は大企業から仕事をいただいている立場です。その大企業の人間には腰を低くして**卑屈な態度**を取らないといけない。そのような会社にわざわざ新卒カードを使いたがる大学生がどれだけいるでしょうか。

もちろん、下請会社の中には、公共的価値を生み出す**高度な能力**でもって、大企業から頭を下げられて業務を委託されるところもあります。しかし、それらは全体の中でもごく稀なケースです。

繰り返しますが、多くの下請会社は、単に安い値段で大企業から雑用を請け負ってきて、それを従業員に劣悪な労働条件でやらせているにすぎません。経営者がお山の大将であり続けたいために、無理矢理「ダンピング」で仕事を引き受けていき、ゾンビのように会社を存続させているところも多い。公共的価値を生み出すどころか、**ブラック労働という害悪**を撒き散らしているだけの存在です。

いずれにせよ「下請」という言葉には、ネガティブなイメージしかありません。下請会社を「下請」と呼ぶことそのものが、単なる侮辱・差別を意味するわけです。そこで、多くの大企業では、下請会社のことを「**協力会社**」「**パートナー会社**」と言い換えるようになりました。あくまで自社の運営する事業に協力してもらっている企業であって対等な存在である、という意味合いを含めるようにしたわけです。

下請会社サイドも「下請」と呼ばれるのを回避できるので、喜んで「協力会社」「パートナー会社」という肩書を使うようになります。しかし、それはあくまで呼び方を配慮しているだけです。大企業から安値で仕事を引き受けている**下請会社という事実**は何も変わりません。

みなさんも、下請会社の会社説明会に参加した際に、説明担当者が「我が社は、あの有名な大手○○社の協力会社です！」とアピールする光景に遭遇するでしょう。その場合はすかさず「**協力会社と下請会社の違い**を教えてください。この会社は下請専門の中小企業ではないのですか？」と質問しましょう。説明担当者は、何を言っているのかもわからない日本語で2つの言葉の違いを必死に説明するか、質問したあなたを怒鳴り散らすかのいずれかでしょう。

「営業」の呼び名はコロコロ変わる

会社組織には「営業」という職種が存在します。英語に直せばsalesであり、会社の商品・サービスの販売に直接関与する仕事のことです。

2016年、大手人材広告会社のマイナビが、大学生約400人を対象にアンケート調査をやっているのですが、その質問項目として「**営業をやりたいか**」というものがありました。それに対する回答結果は「やりたくない」が88.3%、「やりたい」が11.6%でした。

株式会社は営利を追求する組織です。自らの商品やサービスを売ることで利益を上げる組織です。大学生の大半は、その営利組織たる株式会社に就職したがっているにも関わらず「**モノを売る**」という行為そのものには、相当の拒絶反応を示しているわけです。

「高校生なりたい職業ランキング（ベネッセ　2021）」

第1位	看護師
第2位	地方公務員
第3位	プログラマー
第3位	システムエンジニア
第5位	保育士
第6位	薬剤師
第7位	管理栄養士・栄養士
第8位	心理カウンセラー
第9位	高校教諭
第10位	歌手、ミュージシャン
第10位	ゲームクリエイター

（n＝515人）

中学生や高校生を対象にした「将来なりたい職業アンケート」の類でも、営業職がランキングされることは、ほとんどありません。子どもたちが特に憧れる職業でもないようです。

営業職の日常を見れば、そうした若者の拒否感や無関心も理解できます。横柄でエラそうな顧客に媚びへつらう。接待の席で一発芸。24時間365日体制でかかってくる電話。明に暗にノルマを課せられ続ける精神的プレッシャー。酷暑の中でも大汗をかきながら得意先まわり。若者からしたら、あまりやりたくないと思うのも無理はありません。

もちろん、一口に営業といっても、本社の営業本部のようなところで、統計解析をしたり世界販売戦略を立てたりといったケースもあります。大手総合商社で政府同士の交渉を支援するような営業マンもいます。しかし、そのような映画やドラマに出てくる「**カッコイイ営業**」に従事する人間など、ごくわずかにすぎません。

日本全国に存在する営業職の大半は、営業支店を転々としながら、パンフ作りだの飛び込み営業だのセミナー営業だのと「泥水をすする」ような**本場の営業**を日々送っているのです。特に、いわゆる「大卒文系」の多くは、入社直後から否応もなしに、そのような営業職の人生を会社から押しつけられていきます。

年	月	学歴・職歴
2015年	4	W大学文学部 哲学科 入学
2019年	3	W大学 文学部 哲学科 卒業
		職歴
2019年	4	○○工業株式会社 入社
2019年	4	岡山支店営業部営業ソリューション課
2020年	9	東京支店 練馬支店営業三課
2022年	4	仙台支店営業部 営業コンサルティング課
2023年	5	□□□ITシステム株式会社 入社
2023年	6	首都圏販売促進本部 担当

典型的な「大学文系→営業人生」の履歴書

会社によっては、従業員を退職に追い込むために、営業関連の部署に配置転換することもあります。例えば、長年にわたって事務職や技術職だったオジサンに対して「来月からお前には新規開拓営業をやってもらう」と言えば、急ぐように転職先を探すようになります。もしくは実際に営業部署に回されて、営業成績が上がらずに叱責を受け続ければ、すぐに退職を願い出ます。営業という仕事は「**罰**」「**見せしめ**」「**首切りツール**」として機能することもあるわけです。

いずれにせよ「営業」にはネガティブなイメージがあります。もちろん、ビジネスの世界で生きていく以上、営業職を経験することで、職業上のキャリアとして得られるものは大きいのかもしれません。しかし、若者にしてみれば、営業職に昔から憧れていたわけでもないし、営業はなるべくやりたくないし、営業をやらされることになっても、自分を営業職だと**積極的に名乗りたくない**わけです。

こうした諸背景の下、日本企業は「営業」という言葉を回避するため、これまでにさまざまな別称をあみだしてきました。例えば「**アカウントマネージャー**」「**アカウントエグゼクティブ**」「**コンサルタント**」などです（もちろん営業活動に直接関与しないコンサルタント職も存在します）。銀行業界では、昔から営業関連のポストについて「**渉外職**」という言葉が使われてきました。

結局のところ、いずれも**カタカナ英語や別の漢字**に変えただけのことであり、会社の商品やサービスの販売に直接関与する職務であることに変わりはありません。実態はまぎれもない「営業」です。

それでも「○○株式会社で営業をやっています」と名乗るよりは「○○株式会社でコンサルタントをやっています」と名乗るほうが世間体がいい。「それって要するに営業ですよね」と突っ込まれたら「いや、営業とコンサルでは、細かく見れば、かくかくしかじかの違いがあって」と念仏のように意味不明な説明を繰り返すわけです。

年齢規範が要求する虚飾

1953年の小津安二郎監督映画『**東京物語**』において、初老の男性2人が小料理屋で愚痴を言い合うシーンがあります。笠智衆演じる一方の男性が「あなたは印刷会社の部長さんではないか」と話し相手を持ち上げます。すると、東野英治郎演じるもう一方の男性が「なんの。部長さんなもんか。まだ係長じゃ。あんまり体裁が悪いんで、わしゃ人様に部長じゃ部長じゃ言うとるんじゃけど。出来損いでさ」と、本当のことを吐露するわけです。

日本のように厳格な「**年齢規範**」が存在する国では、18歳になったら大学に入らないといけない、22歳になったら就職しなければならない、40歳をすぎたら課長クラスの身分にならないと体裁が悪い、50歳をすぎたら部長クラスの身分にならないと恥ずかしい、といった年齢ごとの「こうあるべき人間像」が確立しています。それが労働者の人生に大きな負担となっています。

労働者は、年齢を重ねるにつれて「**自分の年齢層に見合う肩書**」を求めて必死になります。会社側もそうした従業員の状況を考慮して「あなたはただの係長だが、対外的にはフェローと名乗りなさい」「ただの営業部員ではかっこがつかない。名刺にはシニアコンサルタントと書け」といった措置をとるわけです。

こうして、会社の中は「**何をやっているのかわからない肩書のオジサン**」だらけとなります。21世紀に入ると、日本人は「執行役員」という役員と従業員との法的境界線を曖昧にさせる肩書まで普及させていきます。繰り返しますが、会社とは、このように見栄と虚飾に彩られた滑稽な世界でしかありません。

LECTURE .06

総合職とは奴隷である

SOGOSHOKU MEANS SLAVE STATUS.

総合職とは「何でも屋」である

日本では「**総合職**」なる職種が普及しています。その漢字三文字を見ただけでは、何をする仕事なのか想像もつきません。

日本企業では、無期雇用フルタイム従業員（いわゆる正社員）を募集する際に「総合職」という表現をよく使います。その際に、総合職とは「**幹部候補生**として社内のさまざまな業務・部署を経験していき総合的役割を担うポスト」である、などと説明されるわけです。

しかし、こうした表向きの定義を聞いても、総合職の意味がよくつかめません。会社によっては、毎年のように数百人もの総合職を新卒採用するところもありますが、それほど大量に「幹部候補生」が存在する会社など、ほとんど意味不明です。ちなみに、英語でも「総合職」に相当する概念はありません。日本社会オリジナルの**ガラパゴスな言葉**です。

しかし「総合職」に実際に就いている労働者の人生を観察すれば、その平均的な意味は明白です。要するに、総合職とは、会社の命令によって、なんでもやらされ、どこにでも飛ばされるポストを意味します。一言でいえば「**何でも屋**」です。

総合職として入社すれば、原則として、いかなる仕事をやらされるか、全国のどの支店に飛ばされるか、すべて会社の都合で決められます。文句を言うことはできません。総合職とは、そのような働き方をさせられている従業員を指す言葉です。表向きは「総合職」と名づけられていなくとも、実態としては総合職とほぼ変わらないポジションに置かれている**奴隷的な従業員**は、日本中に山ほど存在します。

もしかしたら、明日から営業をやらされるかもしれない。経理をやらされるかもしれない。便所掃除係になるかもしれない。岡山支店に飛ばされるのか、東京本社になるのか、カラチ営業所になるのかもわからない。それが総合職です。仕事内容も住む場所も、すべて会社の一存で決まる人生です。まさにPreface（はじめに）で述べた社畜のオリジナルな意味そのものです。そのような**家畜同然のポスト**を「総合職」というオブラートに包んだ肩書で表現する。それが日本企業です。

特に、総合職（もしくは総合職的なポジションにいる従業員）にとって恐怖なのは**転勤**です。人事異動によって勤務場所を変更する結果、住居まで移転させられることです。転勤は従業員の実生活に深刻な影響を及ぼしますので、会社と

して軽はずみな判断を下すべきではありません。ただし、総合職の場合、入社する際に何か特別な約束でもしていない限り、社内異動への全面的な同意を示しているものとして扱われます。相当の合理的理由がない限り、異動命令を拒否することは困難です。

例えば「去年、住宅ローンを組んで、都内に5人家族用のマンションを買ったばかりなので、九州への転勤には応じられない」といった程度では、異動命令を拒否できません。この国では**単身赴任**という家族を引き裂くような異動命令さえも、裁判所は原則として有効とみなしています。そもそも、裁判官自体が、最高裁による人事コントロール下で転勤地獄の人生を送っているのですから、下々の民間労働者の人権など、それ以上に軽んじられるのは当然です。

先ほども言ったように、この「総合職」は、欧米圏の社会では観察できない日本特有の職種です。欧米圏の会社では、職務内容を限定した雇用契約になるのが通常だからです。「我が社に入ったら、どんな命令でも聞け。どんな仕事でもやれ。引っ越せと言われたらどこにでも引っ越せ」などという**奴隷契約**(indentured servitude) のごときものは、合理的な文明国家ではあり得ないのです。

そもそも、労働市場において、欧米圏の労働者は「いかなる仕事をするか」を重視するのに対して、日本の労働者は「いかなる組織に属するか」を重視する傾向が強い。その違いを象徴しているのが総合職です。総合職とは「なんでもします。どんな命令にも従います。だから御社に末長く所属させてください」という意味に等しいのです。

お前はどこに所属したいんだ？

この本ですでに言及したように、労働市場は〈**労働と賃金の交換**〉によって成立しています。「この仕事をする」代わりに「これだけの賃金をもらう」というシンプルなものです。

概して、欧米の労働者は、この原則に基づいて雇用契約を結びます。あらかじめ仕事内容と賃金を明確に決めておき、労働者は、毎日職場に行けば、契約締結時に決めておいた仕事内容を遂行するのです。雇用契約を結ぶ際は「あなたは我が社でこの仕事だけやってください」と職務内容が厳密に記述された**ジョブディスクリプション**（job description）が交わされることも多いわけです。

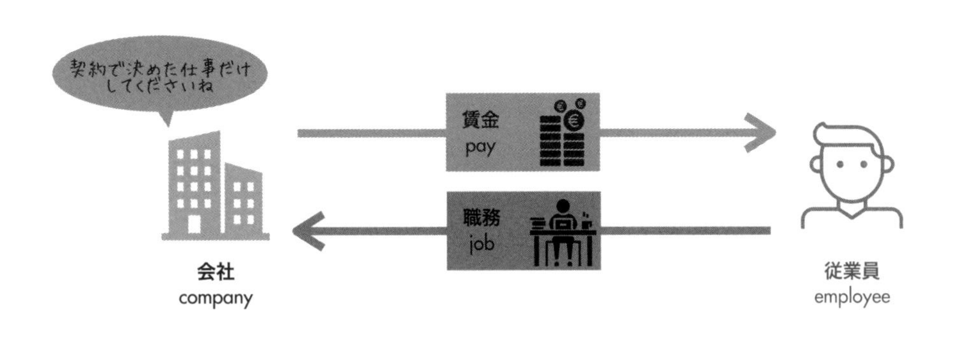

しかし、日本企業は違います。特に、総合職（もしくは総合職的なポジションの従業員）を雇う際は、契約書に仕事内容を定めません。ジョブディスクリプションが交わされることもありません。従業員に何をさせるかは会社側で勝手に決めていくわけです。従業員にとって唯一はっきりしているのは、自分が「会

社という共同体の一員」になったという意識だけです（もちろん、この本をここまで読んでいるあなたなら理解していると思いますが、会社は共同体でもなんでもありません）。

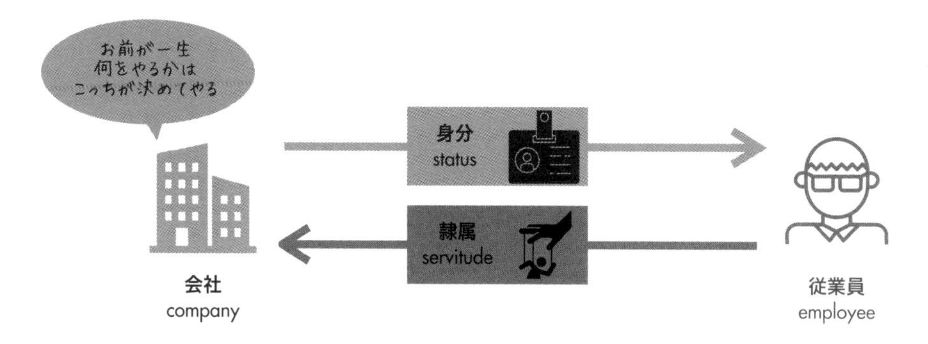

ただし、多くの日本人は、そうした雇用形態でも疑問を感じることは少ないようです。もっと言えば、多くの日本人は「**自分は何をしたいのか**」にあまり関心がないように見えます。彼らにとって最も関心があるのは「**自分はいかなる組織に所属できるか**」です。組織に属するという行為がまず重要であり、その組織の中で一生をかけていかなる行為をやらされるかについては、驚くほどに優先度が低いのです。

NOTE

「合同企業説明会」

幕張メッセで実施された合同企業説明会の光景です。多くの学生は、こうしたイベントに飲み込まれる頃になると「自分は人生をかけて何をしたいのか」といった長期的視点をほとんど失い「とにかく学校卒業までに、少しでもマシな企業から内定を得たい」という短期的視点に頭の中を支配されていきます。そうした思いの中で内定を得た入社先で、一体何をいかなる報酬条件でやらされるのかについて熟慮する**時間的・精神的余裕**は、すでに奪われていることが大半です。

(Photo by Dick Thomas Johnson. 2011. CC BY 2.0.)

そもそも、われわれ人間が幼少期から人生の選択をしていく場合、まず「自分は人生をかけて何をしたいのか」ということを考えます。実際、私たちが小中高の頃は「面白い小説を書きたい」「サッカー選手としてW杯に出場したい」「世界一美味しいケーキを作りたい」「金持ちのお嫁さんになりたい」といった目標を持つものです。マスコミも、子ども向けに「将来どんなことがしたいですか」という**人気職業ランキング**を実施します。

ところが、大学生の頃になり、実際の人生選択・職業選択をする際には「何をしたいか」という意識が消え失せていき、その代わりに「どこの組織に属したいか」という問いが最優先課題となります。マスコミも、そうした日本人の意識変化に合わせるように「おまえはどこの会社に入りたいんだ？」というアンケート調査を繰り広げるようになります。人気職業ランキングを実施しなくなり、その代わりに**人気企業ランキング**が実施されるようになるのです。

例えば、そうした人気企業アンケートでは、毎年のように**三菱商事**という総合商社を挙げる学生が多い。では、三菱商事に所属できるのなら、その中で生涯かけてやらされる仕事が営業でも経理でも便所掃除でもなんでもいいのでしょうか？

その通り。大半の大学生は「はい、三菱商事に所属できるなら、なんでもやります、どこに飛ばされてもかまいません」という不気味な回答をしてくる。こうやって、**自分の人生そのもの**を特定の会社にすべて委ねてしがみついていく社畜が一丁上がりとなるわけです。

総合職は常に脅えている

ビジネス社会には「**報復人事**」という言葉があります。すなわち、会社のやり方に異を唱えたり、会社の不正を公的機関に告発したり、会社の利益より自己の人権を優先する行動を取るような従業員に対しては、会社が部署異動・職務変更・転勤・単身赴任・出向などの人事権を生かして、合法的な嫌がらせに出るということです。現代風に言えば「**人事ハラスメント**」です。

戦後日本の司法は〈**会社の解雇権**〉を制限してきました。一定の理由がない限り、無期雇用の従業員を解雇してはならないという法的ルールを形成してきたのです。その代わり、司法は**会社の人事権**を大幅に認めてきました。つまり、日本企業は、従業員を簡単にクビにしてはならないが、一方で、従業員が社内でどのような人事命令を受けようと、司法は原則として介入しない、としたのです。総合職とは、そのような労働ルールを象徴する存在です。

繰り返しますが、総合職とは、会社の意向次第で、なんでもやらされ、どこにでも飛ばされるポストであり、**いかなる人事決定をも全面的に受け入れた従業員**のことです。そのような立場ゆえに、総合職は公然と報復人事の主要ターゲットとなります。しかも、どのような「人事ハラスメント」があろうと、裁判所は原則として何もしてくれない。もはや、総合職に味方はいないわけです。

　このような状況の下、総合職は、会社から嫌がらせを受けないよう、常に目立った言動を慎み、自己の権利を主張せず、会社に対して従順で忠実な態度を示し続ける日常を送ります。どこで誰が見ているかわからない。ゆえに、社内で何を喋るか、いかなる表情を見せるかにも慎重に配慮する。それはもはや、そこらの**全体主義国家**で恐怖に怯えながら人生を送っている人々と大した変わりはありません。

LECTURE

.07

8時間を超えて労働をするな

DO NOT LABOR MORE THAN 8 HOURS.

1日8時間労働は絶対的人権である

日本は**残業大国**です。いわゆるサービス残業も含めて、多くの労働者が莫大な残業を事実上強要されています。求人サイトを観察しても「わが社の基本給には、月30時間分の時間外手当が含まれています」「残業は1日2時間以内で収まっています」などと、残業することを前提とした求人がほとんどを占めています。

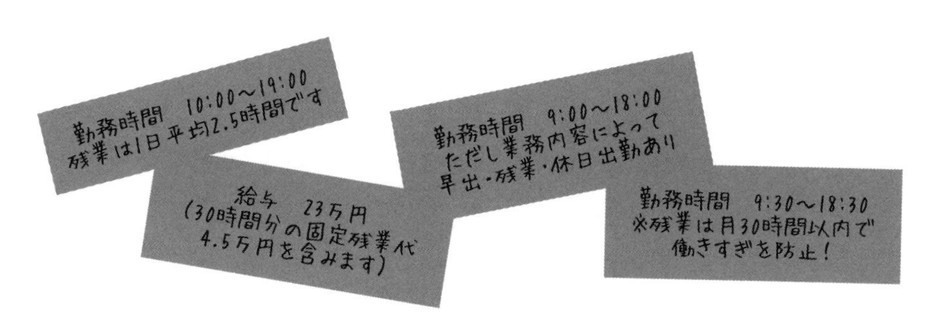

労働法によれば、日本における労働時間の上限は、1週40時間・1日8時間となっています。これを法定労働時間といいます。ところが、多くの日本人労働者は、毎日のように、その1日8時間を超えて労働をさせられています。さきほど「残業」という言葉を使いましたが、正確には、1日8時間を超えた労働のことを「時間外労働」と表現します。すなわち、日本は**「時間外労働大国」**と表現できます。

少し歴史の話をしましょう。労働運動の歴史は、**労働時間短縮の歴史**でした。資本主義の勃興期である19世紀を見ると、イギリスでは1日に12時間を超える労働を課すことが通常でした。19世紀の労働運動では「労働に8時間を、休息に

8時間を、自由に8時間を（8h labor, 8h rest, 8h what we will)」というスローガンが掲げられ、1日8時間労働制を最終目標としたのです。

こうした労働運動の成果が実るのは20世紀に入ってからのことです。1917年、革命後のロシアでは、世界で初めて1日8時間労働制が国家制度として採用されました。続いて、1919年には、国際労働機関が「1日8時間、1週48時間」を定めた**ILO第1号条約**を採択します。

こうして、ようやく1日8時間労働制が国際標準の人権として認められるようになりました。現在では、フランスが2002年に**1週35時間労働制**に移行するなど、国際社会はさらなる労働時間の削減に向かって動いています。

何が言いたいかといえば、1日8時間労働は、世界中の労働者たちが長年にわたって闘争して勝ち取った成果だということです。私たちは、労働者である以上、この1日8時間労働制を享受する絶対的権利があるし、この権利を死守して次世代に引き継ぐ**政治的責務**があるとも言えるのです。

1856年、豪州メルボルンにおいて8時間労働制度を訴えかけた労働運動の横断幕

絶対的人権は破られる

繰り返しますが、会社は、従業員に対して1日8時間を超える労働を課してはなりません。これは労働法で明確に決まっている法的ルールであると同時に、数世紀におよぶ労働運動によって労働者が手にした**普遍的原則**です。

では、なぜ日本の労働者は、当たり前のように時間外労働に従事しているのでしょうか。実は、日本の1日8時間労働ルールには抜け道があります。事前に、会社側と従業員側とで「月に○○時間までなら時間外労働してもいいですよ」という協定を結んで、労働基準監督署という行政機関に届け出ればいいのです。このルールは、労働基準法36条に規定されているため、俗に**「三六協定」**といいます。

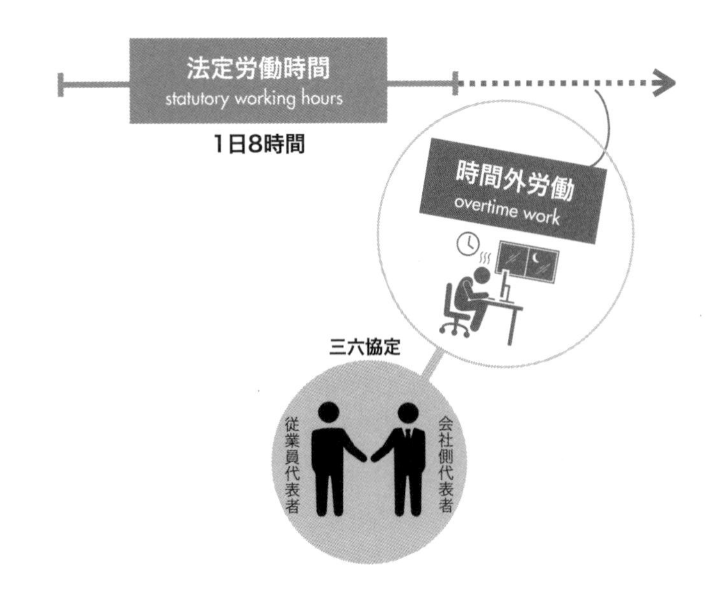

三六協定の作り方は、主として2つのケースに分かれます。第1に、従業員の過半数によって組織される**労働組合**が存在する場合は、会社側代表者と労働組合との間で三六協定を締結します。第2に、労働組合が存在しない場合は、従業員の中で自主的に**従業員代表者**を選出し、その従業員側代表者と会社側代表者のあいだで三六協定を締結します。

いずれにせよ、会社側としては、あらゆる手段を講じて三六協定を作ってしまえば、1日8時間を超えた労働を課すことが合法化されるわけです。しかも、**三六協定なしに**時間外労働を強要している会社も無数に存在します。

例えば、2013年に厚生労働省が実施した労働時間実態調査では、**中小企業の約30%**が、三六協定を締結していない状況下で、従業員たちに時間外労働をさせていました。いわゆる「違法残業」です。しかも、行政サイドは、これらを実質的に取り締まる意思をほとんど持っていません。

三六協定は勝手に作られている

この三六協定は「時間外労働は労働者の合意なしには強要できない」という趣旨の制度ですが、多くの日本企業では、その趣旨が形骸化しています。

例えば、ある大手外食チェーンの話をしましょう。この会社には労働組合が存在しませんでした。ゆえに、その代わりに、従業員のあいだで代表者を選出しなければなりません。しかし、実際には、店舗ごとに店長が従業員の中から勝手に代表者を指名し、三六協定届にサインをさせていました。三六協定には「全従業員の挙手によって選出された」と記載されていましたが、実際には挙手による選出は実施されていませんでした。

このような会社側の手口は、この外食チェーンに限らず、多くの日本企業で横行しています。「時間外労働を特別に課すには、労働者サイドの同意が必要だ」という労働の基本ルールは、実態としてこの国では遵守されていません。会社側から「この書類の端っこにサインしておけ」となんの説明もなく署名・捺印を要求され、それが実は三六協定の書類だったというケースもあります。

実質的に、多くの三六協定は、**会社経営陣と一部従業員の内輪**において、すでに勝手に作成されているのです。

定時で帰る勇気を持て

ただし、これに対して「たとえ三六協定があっても、実際に時間外労働を課すには、従業員本人の承諾がいるのでは？」という疑問が当然出てきます。この点、例えば、1969年の**明治乳業訴訟**で、東京地裁は「あくまで従業員本人の承諾が必要である」との判決を下し、当時の会社経営者たちを震え上がらせました。

NOTE

同判決文において、東京地裁は、労働者の「**従属労働から解放される自由**」を認めた上で、次のように述べています。「時間外勤務に関して三六協定、労働契約、就業規則、労働協約などいかなる形式をもつて取り決めをしてみても労働者にその義務を生ずることがないが、ただ三六協定成立後、使用者から具体的な日時、場所などを指定して時間外勤務に服して貰いたいとの申込みがあつた場合に、個々の労働者が自由な意思によつて個別的に明示もしくは黙示の合意をしたときは、それによつて労働者の利益が害されることがないから、その場合に限り、私法上の労働義務を生ずるものと解するのが相当である」。

しかし、その後、司法は保守化していきます。最高裁は、1991年の**日立製作所武蔵工場事件判決**において「時間外労働を課すのに本人の承諾はいらない。三六協定の範囲内で時間外労働を命じられたら、それに従うのが従業員の義務である」との判断を示しました。この国の司法権力が、労働者ではなく会社サイドに立っていることを明確に示した一瞬でした。

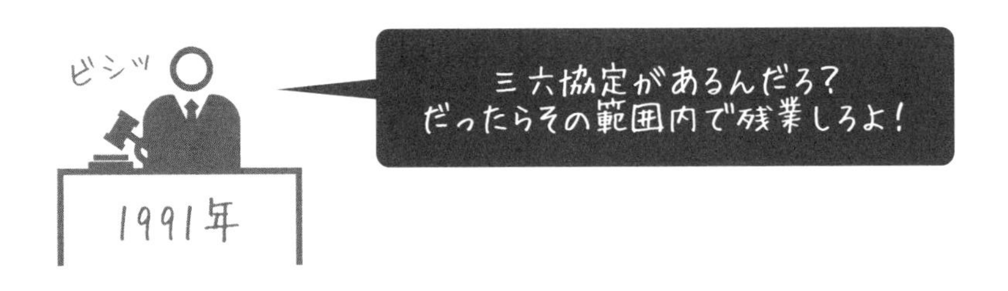

NOTE

同判決文は、次のように述べています。「使用者が当該事業場に適用される就業規則に当該三六協定の範囲内で一定の業務上の事由があれば労働契約に定める労働時間を延長して労働者を労働させることができる旨定めているときは、当該就業規則の規定の内容が合理的なものである限り、それが具体的労働契約の内容をなすから、右就業規則の規定の適用を受ける労働者は、その定めるところに従い、労働契約に定める労働時間を超えて労働をする義務を負うものと解するを相当とする」。

あなたも、時間外労働の命令を拒否することは難しいです。拒否した場合は懲戒処分を受ける可能性があります。場合によっては解雇されることもあります。日本のビジネス社会における「常識」として、デートや趣味といった理由では、命令を拒否できないと見たほうがよいでしょう。あとで会社からどのような「報復」を受けるかわかりません。日本国という国家そのものが、こうした**事実上の「強制労働」**にお墨つきを与えているのです。

まとめましょう。労働者は、本来、1日8時間を超えて労働する義務を一切負っていません。8時間を超える労働は、あくまで、従業員が事前に了承している例外的ケースに限られます。しかし、この1日8時間労働制は形骸化し、権力者たちの手によって、無理矢理に**「なきもの」とされている**のが実情です。

それを変えていくには、もちろん最終的には政治の力が必要となります。しかし、それ以前に、労働者一人ひとりが**小さな抵抗を繰り返していくこと**も有効でしょう。アリストテレスは「あなたがこの世界で何を為すにせよ、まず必要なのは勇気である」と言っています。ネルソン・マンデラは「どんなに小さな行動でも、世界をより良く変えていくスタートになる」と言っています。労働者一人ひとりが、いかなるプレッシャーにも屈せずに「定時で帰る」というささやかな勇気を持ち、それがやがて**「職場を支配する新たなイデオロギー」**となるか否かにかかっています。

LECTURE

.08

サービス労働を拒絶せよ

ELIMINATE WAGE THEFTS.

会社はあなたの賃金を盗んでいる

日本は一億総**サービス残業**国家として有名です。サービス残業とは、従業員が残業しているにも関わらず、その残業時間に応じた賃金が支払われないことです。これは、日本の労働環境が劣悪であることを示す象徴的なワードとなっています。あまりに頻繁に観察できる現象なので「サビ残」という略称まで作られています。

実は、日本社会では、残業時間のみならず、朝の始業時から夜の終業時まで、あらゆるシーンにおいて「本来は労働時間としてカウントされるべきなのに、その時間分に応じた賃金が支払われていない」現象が起きています。端的に言えば「サービス残業」どころか「**サービス労働**」が横行しています。このことを英語ではwage theftと言います。すなわち「**会社による賃金窃盗**」です。

では、この「サービス労働」「賃金窃盗」について、最低限知っておくべき事項を指摘しましょう。あなたが会社から盗まれる賃金の額を少しでも抑えるための事項です。

休憩中に労働してはならない

日本国憲法27条2項には「賃金、就業時間、休息その他の勤労条件に関する基準は、法律でこれを定める」と書いてあります。つまり、日本国憲法は、労働者の**休息権**（right of break）を定めています。

敗戦後、日本では、新しい憲法を作ることになりました。当時の占領軍案にも日本政府案にも、休息権の規定はありませんでした。しかし、国会審議において、社会党が休息権を定めるように主張して、これが受け入れられたのです。ソ連の1936年憲法（俗にいう**スターリン憲法**）がすでに〈休息と余暇の権利〉を明記しており、その影響を受けてのことでした。

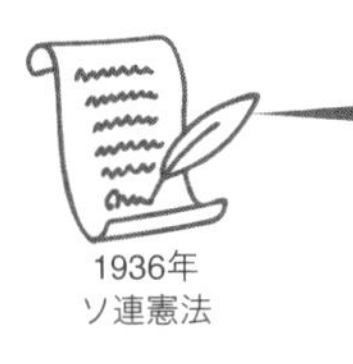

1936年
ソ連憲法

第119条　ソ連市民は休息と余暇の権利を有する。この権利を確保するため、労働時間を原則として7時間に縮減し、年間有給休暇制度を設け、労働者用の療養所、保養所、娯楽施設の全国ネットワークを用意する。

1947年
日本国憲法

第27条　すべて国民は、勤労の権利を有し、義務を負ふ。賃金、就業時間、休息その他の勤労条件に関する基準は、法律でこれを定める。児童は、これを酷使してはならない。

この憲法上の要請を受けて、**労働基準法**は〈休息の具体的ルール〉を定めました。それによると、労働時間が6時間を超える場合、途中で45分以上の休憩を与える必要があります。また、労働時間が8時間を超える場合は、途中で1時間以上の休憩を与える必要があります。当然ながら、休憩時間中には一切の労働をさせてはなりません。もし労働をさせたら、それは明白な違法行為です。

しかし、日本の会社では、**休憩時間中に従業員に労働させる光景**が見受けられます。休憩時間中にも関わらず、電話番や受付業務などを命じる光景は日常茶飯事です。悪質な会社だと、休憩時間をわざと長く設定して、その長い休憩時間をつかって従業員を酷使することもあります。

私の授業アンケートでも「バイトの休憩中に雑用をやらされた」という学生からの報告をよく読まされます。もちろん形式上は休憩時間ですから、会社はその時間分の賃金を支払う必要はないわけです。まさにサービス労働であり、**賃金窃盗**です。

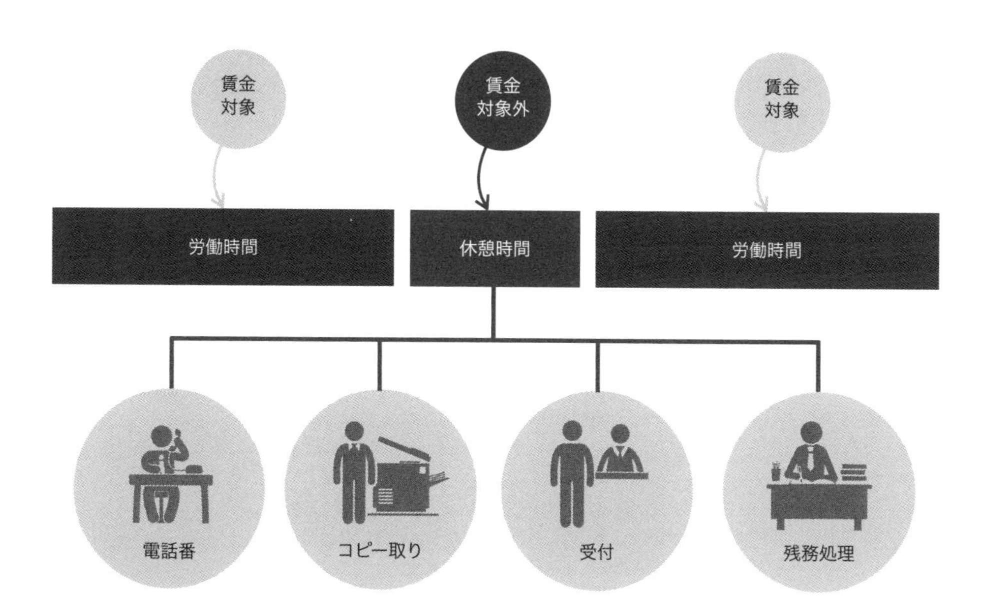

繰り返しますが、休息をとることは、憲法で定められた絶対的人権です。法律上の休憩時間に入ったら、電話番も受付応対も、一切の労働をしなくてよいのです。そのような命令を会社から受けた場合は、断固として拒絶すべきです。いったん休憩時間中の労働を受け入れてしまえば、それが職場の慣行となって、ズルズルと休憩時間が**形骸化していく危険**があります。繰り返します。休憩時間に入ったら、一切の労働を拒否して下さい。

職場を掃除する時間も労働である

日本企業では、**従業員に職場を清掃させる**ことがあります。特に、中小零細企業では、清掃会社に頼むコストを節約する意味で、職場のデスクから共用トイレの便器に至るまで、従業員に清掃させるケースが後を絶ちません。経済的に余裕のある大企業でも、あえて上司が若手従業員にトイレ掃除を命じて、会社への忠誠心を試したり、上司の権威や権力を見せつける、といった光景がときどき見られます。

では、ある従業員が、**掃除当番**として始業時刻より30分早く出社してトイレ掃除をやらされた場合、その30分は賃金の対象になるのでしょうか。

答えはもちろんYESです。労働時間とは、雇用契約書に記載された職務に取り組んでいる時間だけではありません。**実質的に会社の指揮命令下に置かれている時間**であれば、それは労働時間としてカウントされなければいけません。掃除当番という社内の制度が、実質的に会社からの指揮命令に基づくものであれば、それはれっきとした労働時間です。その時間分は、必ず賃金をもらわな

いといけません。もらわなければ、それもまた「サービス労働」になってしまいます。

そもそも、掃除当番が職場の義務となっているのなら、そのことを求人欄に前もって明記すべきですし、少なくとも採用面接の際に説明すべきでしょう。しかし、なぜか日本企業では〈**入社後にやらせること**〉を明確に伝えない風潮があります。雇用契約書に署名捺印して入社した当日に、はじめて掃除当番制度があることを言い渡されたりするわけです。「入社させたら、その人間はもはや会社の所有物なのだから、どのような要求をしてもよい」ということなのでしょう。いずれにせよ、掃除当番制度は「会社が従業員をどう見ているか」を示す象徴です。

制服に着替える時間も労働である

〈清掃〉と似たケースとして〈**着替え**〉があります。職場によっては、ユニフォームに着替えて仕事をするよう会社から命令されている従業員がいます。例えば、レストランの店員、鉄道会社の駅員、銀行の窓口受付員などです。業務上の必要性から、従業員が何を着用するかについて会社が命令することは〈服務規律〉の一環として合法化されています。

私としては、銀行窓口のお姉さんが私服を着ていようと水着を着ていようと、なんの問題も感じません。しかし、日本社会では、銀行の窓口受付員が制服を着ることは、疑いようもなく**業務上必要なこと**になっているようです。第4章でも指摘した労働空間を支配するイデオロギーの一種です。

この服装強要問題は置いておくとして、問題なのは**制服に着替える時間**のことです。銀行窓口のお姉さんが早朝に出社して更衣室において銀行から命じられたユニフォームに着替えて、実際の銀行窓口の職場にたどりつくまでに10分かかると仮定します。その10分は労働時間でしょうか。

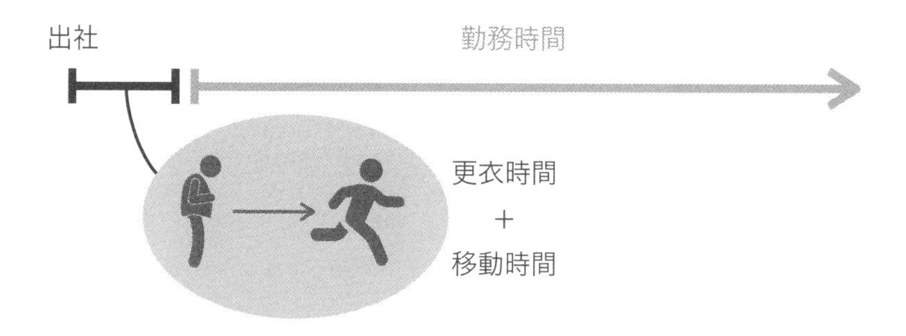

この問題については、司法でも見解がわかれてきました。ただし、2000年の**三菱重工業長崎造船所判決**において、最高裁は「労働者が会社からの要求に応じて事業所内で為す準備作業の時間は、社会通念上必要である限り、労働時間に該当する」と述べています。少なくとも、会社からの命令に基づいてユニフォームに着替えないといけないのであれば、それは指揮命令下に入っている状態ですから、原則として労働時間としてカウントしなければなりません。

NOTE

同判決文は、造船所の従業員が作業服及び保護具等の装着を会社から義務づけられていた点を踏まえて、次のように述べています。「労働者が、就業を命じられた業務の準備行為等を事業所内において行うことを使用者から義務づけられ、又はこれを余儀なくされたときは、当該行為を所定労働時間外において行うものとされている場合であっても、当該行為は、特段の事情のない限り、使用者の指揮命令下に置かれたものと評価することができ、当該行為に要した時間は、それが社会通念上必要と認められるものである限り、労働基準法上の労働時間に該当すると解される」。

端数時間を切り捨てるな

労働時間は、本来1分単位で集計しなければなりません。しかし、実際には、15分単位、30分単位、1時間単位で計算している会社も多々あります。では、1日の労働時間が「4時間3分」「9時間29分」などと**端数が出る状況**になった時は、どのように処理すべきなのでしょうか。

正解は端数の**切り上げ**（round-up）です。10分単位で労働時間を計算している会社において、あなたが4時間3分ほど労働した場合は「4時間10分の労働」とみなさなければなりません。その反対に切り捨て（round-down）によって「4時間の労働」とみなす会社も多いですが、これは違法です。「4分以内は0分、5分以上は10分」「29分以内は0時間、30分以上は1時間」という四捨五入（round-off）で労働時間を計算することもNGです。切り捨てのケースが発生してしまうからです。

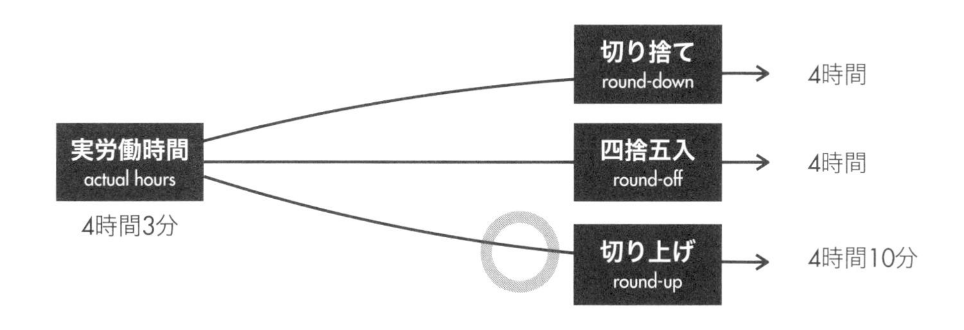

しかし、日本全国の職場においては、**端数の切り捨て**が日常的に実施されています。塵も積もれば山となるという言葉がありますが、労働時間の端数もま

た、累積していけば膨大なものとなる。日本全国で、一体どれだけの額の賃金窃盗となっているのか、想像もつきません。

会社はあなたから時間とカネを奪う

この端数問題からも理解できると思いますが、会社の特徴は、その**貪欲さ**にあります。「端数分の賃金ぐらい支払ってあげればいいではないか」と言いたくなりますが、それすらできる限り負担したくないと考えるのが会社という組織です。会社は1円でも人件費を安く抑えたい。そのためには、違法行為にすら平然と手を染めるわけです。

特に、日本の場合、ほぼすべての国民が労働教育を受けておらず、**何が合法で何が違法か**も判断がつかない。それゆえに、会社サイドとしては、従業員をだまして賃金を毎日少しずつ盗み続けるなど、赤子の手をひねるように簡単です。

あなたは、こうした賃金窃盗の実態を知ってもなお「会社は労働者のための共同体」といった巷に溢れている馬鹿げたイデオロギーを信じこむのでしょうか。

本書をここまで読めば、**労働者にとって会社が敵であること**は明白です。会社は従業員の無知につけこんで従業員をだまし、従業員の弱みを握ればすかさず脅し、従業員がスキを見せれば骨の髄まで労働力を安く搾り取ろうとする。繰り返しますが、それが会社という組織の本質です。

学校はあなたにサービス労働を教え込む

そもそも、労働とは、苦痛に耐えることの代償として何らかの利益を得る活動の一種です。ゆえに、無報酬で労働するという行為に対して、本来ならば誰しも嫌悪感を抱くはずです。しかし、日本社会の場合、無賃労働は国民にとって幼少時からの日常的光景であるため、サービス労働やサービス残業は、平然と無限に繰り返されていきます。幼少時からの日常的光景――それは**学校における掃除当番制度**のことです。

日本の公立学校は、生徒に校内清掃労働を強要するという掃除当番制度を実施しています。これは、**児童労働**（child labor）、**強制労働**（forced labor）、**無賃労働**（unpaid labor）という3つの深刻な労働問題を併せ持つ明白な人権侵害政策です。日本の児童は、年端もいかない年齢から、清掃という過酷な労働を強制的かつ日常的に命じられ、しかもその対価としての賃金を一切受け取れない状況に置かれ続けています。

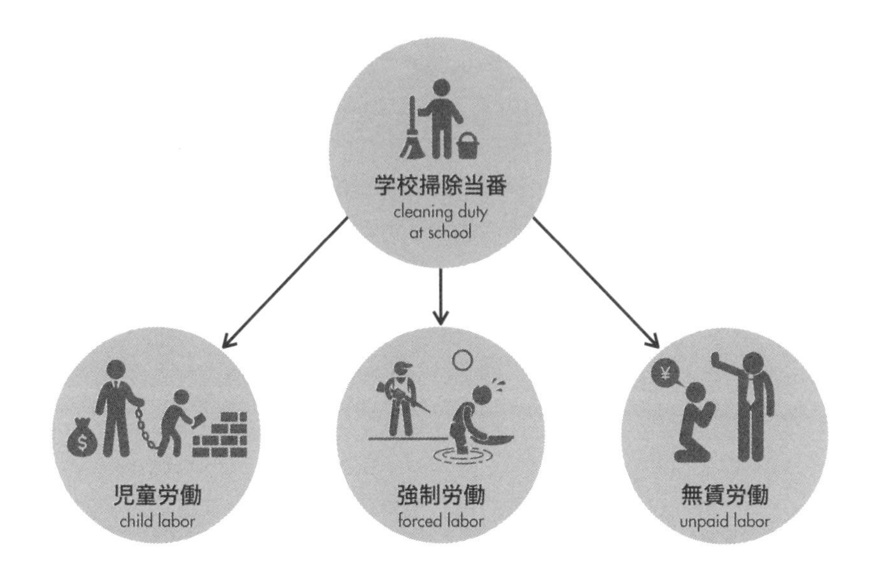

この掃除当番制度について、文部科学省は「教育的意義」という抽象的理由によって正当化し続けています。例えば、2008年に同省が発表した「小学校学習指導要領解説 特別活動編」を見ると、掃除当番制度に関して「『勤労観』を養う」「働くことの意義の理解」といった記述が見られます。要するに「児童たちが社会に出て働くための教育」の一環として、清掃労働の強要は正当化可能だというのです。

NOTE

「日本の小学校と清掃労働」

（写真・よっし／PIXTA）

ちなみに、文部科学省は、公立学校が児童に対して清掃労働を強要できる**法的根拠**に関しては、何一つ具体的に提示していません。そのようなものを中央官庁が無理矢理に提示すれば、法律問題ひいては政治問題に発展する危険性がありますから、当然といえば当然です。

では、日本という国では、自己の意思に関係なく、上からの労働命令に**ただ無条件で従い続ける**ことが「社会に出る」ということなのでしょうか。この国では、対価としての賃金をもらわずに労働を**無償で奉仕し続ける**ことが「社会に出る」ということなのでしょうか。掃除当番を通して「日本で生きるとはこういうことだ」という**イデオロギーを児童に植えつけさせる**ことがこの国の教育政策なのでしょうか。

もちろん、このような掃除当番制度の根本的意義と正当性について、児童本人たちの間で討論させたり熟慮させる機会も、日本の公立学校ではほとんど存在しません。「**よけいなことを考えずに黙って労働しろ**」。児童に教えられているのは、ただそれだけです。

LECTURE

.09

休暇は
バカンスのためにある

USE PAID LEAVES FOR
VACATION.

年休は会社が与えるものではない

労働者になると有給休暇がもらえます。日本の法律用語では、**年次有給休暇**(annual paid leave) といいます。「年休」と略します。一定期間以上労働した者に対して付与される休暇日です。その休暇日分も労働日とみなされて賃金計算の対象となります。休暇を取ったからといって、給料が減らされることはありません。パートタイム労働者でも、条件次第では一定の年休を獲得できます。

NOTE

日本社会では、年次有給休暇を「**有休**」と略する慣行が見られます。しかし、これは法制度的に見ると、正確性に欠ける略し方です。なぜなら、有給となる休暇は、年次有給休暇以外にも存在し得るからです。例えば、あなたの勤務する会社では、会社独自の私的な「アニバーサリー休暇」が設定されており、そのアニバーサリー休暇を使っても、その日の賃金が支払われる仕組みになっている、としましょう。そのような会社で「有休」と言ってしまうと、年次有給休暇のことを指すのかアニバーサリー休暇のことを指すのかが曖昧となってしまう。ゆえに、年次有給休暇の略し方としては「**年休**」の方が正確です。

年休は、1日8時間労働制と同じく、労働者たちが**歴史的闘争の成果**として勝ち取った人権の1つです。貴族階級のように、自分の休みたいときに休む。そうした労働者階級の要求が19世紀から叫ばれるようになり、20世紀に入ると、世界各国で有給休暇が制度化されていきます。

1936年には、ILOが**有給休暇条約**（Holidays with Pay Convention）を制定して、有給休暇を労働者の普遍的権利として認めます。日本でも、戦後の労働基準法によって年次有給休暇制度が始まりました。あなたも労働者となったら、有給休暇をもらうことが絶対的に保障されているのです。

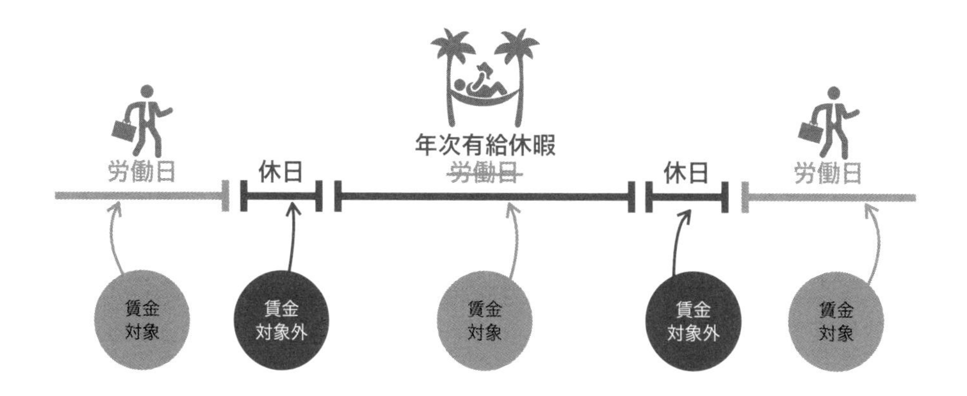

ただし、悪質な会社になると、新しい従業員が入社してきても、この年休について一切説明しないこともあります。有給休暇の存在そのものを知らないピュアな労働者は、そのまま有給休暇を使うことなく、労働まみれの生活に突入していきます。なにしろ、労働教育がほとんど何も実施されていないのが、日本の学校教育です。そのような**ピュアな労働者**は相当数にのぼるでしょう。

また、年休について説明してくる会社にしても、あたかも「我が社が温情で年休を与えてあげるんだ、感謝しろ」というニュアンスを含めるケースがあります。会社による**自主的な従業員向けサービス**として、年次有給休暇があるのだと言わんばかりの説明をしてくるのです。

これだけは覚えてください。年休は、会社が労働者に与えるものではありません。**労働基準法という法律**が労働者に与えているものです――もっと言えば、人権思想があなたに与えているものです。法律で決まっているので、会社サイドもやむなく受け入れているだけの話です。会社という組織は、ことあるごとに従業員に**恩を売ろう**として、平気でウソをつくことがあります。決して騙されてはいけません。

年休はどのような理由で使ってもよい

年休はどのような理由で使ってもOKです。観光旅行だろうとデートだろうと、いかなる理由で利用してもかまいません。会社は、利用目的によって年休の請求を拒否することはできません。そもそも、会社側には、年休の利用目的を従業員に問いただす権利はないし、従業員側も、年休を何に使うのか**会社側に説明する義務**はありません。

しかし、日本企業では、年休の意味を理解していない人が多いのです。「バカンス旅行に行きたいなどという身勝手な理由で年休を使ってはならない」といった意味不明な理由で従業員が叱責される光景も見受けられます。日本のオジサンオバサンの中には「年休は**重病か葬式**のときにやむなく使うもの」と本気で信じ込んでいる人まで存在します。言うまでもありませんが、この国には、まともな考えを持つ大人は絶望的に少ないわけです。

日本の有給休暇は使いにくい

日本の年休は使いにくいと言われています。例えば、2018年に厚生労働省が実施した「就労条件総合調査」によれば、日本人労働者の年休利用率は**51.1%**にとどまっています。言い換えれば、日本人労働者は、自分の人権の5割近くをみずから捨てているわけです。信じがたいことですが、社畜の中には、インフルエンザに罹患しても、年休を取らずに出勤してくる者すら存在します。なぜ日本人労働者は年休を使おうとしないのか。その主な理由は3つあります。

年休利用率	年休未利用率
51.1%	48.9%

第1は、**ギリギリの人数**しか従業員を採用しない会社が多い点です。職場内において、必要な労働力をなんとか満たす分の従業員数しか存在しない。そうなると、従業員たちは休みにくくなります。自分がいなくなれば、職場の仕事が回らなくなる可能性がある。自分のせいで職場のみんなに迷惑をかけることになる。みんなから嫌われてしまう。結局、年休を使ってバカンスに行くなど、ありえない状況に追い込まれるわけです。

多くの日本企業は「**従業員は休暇を取ることなく毎日出勤してくる**」という想定で、従業員の人数を計画します。特に、この傾向が強いのが中小企業です。中小企業ほど経済的に余裕のない会社が多いですから、従業員は**最低限の人数**しか採用しません。そして、年休を使ってバカンスに行くなど事実上不可能な労働環境に従業員を放置するのです。

同調圧力（peer pressure）という言葉をよく聞きます。日本社会そのものが同調圧力の高い空間か否かは、科学的に立証されていません。しかし、ただ1つ言えるのは、ギリギリの人員で動いている職場において「休暇を取るな」という同調圧力が高まるのは必然です。

日本人は病気のときに有給休暇を使う

第2は、病気休暇制度が存在しない点です。**病気休暇**（sick leaves）とは、文字どおり、病気になって会社に行けない時に利用する休暇のことです。ヨーロッパを中心とした人権先進国ではよく見られる制度です。

病気休暇が法律で保障されている先進国では、病気のために通常の有給休暇を使うことはほとんどありません。例えば、フランスでは、病気休暇の日数に制限がありません。医師の診断次第で、何日でも病気休暇を取得できます。年30日までならば90％の賃金が支払われ、次の30日間までは60％の賃金が支払われます。このような国では、通常の有給休暇は、**純粋なバカンス**のために使うわけです。

病気休暇
sick leaves

年次休暇
annual leaves

しかし、日本では、この病気休暇が法律で保障されていません。ですから、従業員は、病気になって出勤できない場合に、通常の年次有給休暇を使うしかない。言い換えれば、急に病気になる事態に備えて、**年休を常に貯めこまざるを得ないわけです**。人権先進国の人々に「日本では病気になった時に年休を使う」と言えば、間違いなく哀れみの目で同情してくれるでしょう。

結果として、日本の労働者は、年休を貯めこんで貯めこんで、結局は使わないまま時効を迎えます。年休には期限があり、2年以内に使わないと**消滅時効**といって年休そのものが消えてしまうのです。それで得をするのは、もちろん会社側です。

休暇をとる日本人は報復を受ける

第3に、年休を使うことによって、会社から報復を受ける可能性がある点です。会社には、年休を使った労働者に対して、給料を減らすといった**不利益取り扱い**（unfair treatment）をしないように努める義務があります。これは労働基準法136条で決まっています。ただし、それはあくまで努力義務と解釈されています。要するに「年休を使った従業員にはなるべく報復しないように努力してください」という意味にすぎません。

実際、会社によっては、年休を100％消化した従業員に対して「年休を使った分だけ会社への貢献度が低い」と評価して、ボーナスを減らしたり、僻地へ左遷したりといった**報復人事**を課すことがあります。従業員にとっては恐怖です。そのような会社では、年休はできるかぎり使わない方が得策となります。

会社によっては、**皆勤手当**という制度があります。その月にすべて出勤したことへのご褒美として、その従業員に1ヶ月ごとに支払われる特別手当です。しかし、悪質な会社になると、その月に年休を使った従業員については、その月の皆勤手当の対象から外すのです。そうすると、従業員としては、当然ながら年休を使いにくくなります。

皆勤手当は、多くの日本企業で採用されている仕組みです。一見して、従業員に余分なカネを与えてくれる「優しい制度」に見えます。しかし、その実態は、単に基本給を低く設定した上で、皆勤手当制度を設けて、**休みを取らない忠良な従業員**のみを優遇するものにすぎません。

あなたも、これから就職活動をする場合、求人票に「皆勤手当」と書いてある会社はなるべく避けるべきです。もしくは、就職面談の際に「この会社の皆勤手当は、年休を使ったらもらえないのか？」と問いただすべきです。

そもそも、年休は労働者に付与された絶対的人権です。労働者は堂々と年休を100％消化して、人権を100％享受すればいいのです。しかし、一方で、日本社会では「アイツは年休を使って休んでいたのに、なぜマジメに皆勤しているオレと一緒に皆勤手当をもらってるんだ」「あの人は年休を使っていい思いをしたのに、年休を使っていない私とボーナス支給額が一緒なのはおかしいわ」と

いう意識が生じやすい。こうした**労働者同士の足の引っ張り合い**を利用して、会社側は、堂々と年休利用者に報復を加えていくのです。

NOTE

この点、日本の年次有給休暇には「**時季変更権**」という条件がついています。会社は、業務の正常な運営を妨げる場合に限って、年休利用の時期を変更するよう従業員に要求できます（労基法39条4項）。しかし、これは、あくまで例外的なケースに限られます。会社側は、ある従業員が年休を利用したいと言ってきたら、多少の人手不足だろうと、代わりの従業員を見つけるといった努力を尽くさなければなりません。

年休はバカンスのために生まれた

先ほど「年休はいかなる目的で使ってもいい」と説明しました。ただし、有給休暇の歴史を見ると、本来は**バカンス**（vacances）をとるために作られた制度だということを理解したほうがいいでしょう。

この点を詳しく説明しましょう。有給休暇とは、労働者にバカンスを与えるためにフランスで生まれた制度でした。そもそも、vacancesとは「**空の状態**」を意味するフランス語です。19世紀のフランスでは、貴族や富裕層が「何もしないでよい期間」を自ら設けてvacancesと呼んでいました。何もしないでよい期間を豊富に有している——フランス社会では、そのこと自体が恵まれた人生の象徴なのです。

20世紀に入ると、この上流階級の特権たるvacancesを労働者階級にも与えるための労働運動が活発となります。1936年、当時のフランスでは、社会党・共産党などの労働者政党による連立内閣「人民戦線」が成立します。この内閣は、フランス政治史上初めて女性閣僚を誕生させたことで知られていますが、もう1つの功績が、バカンス制度を導入して労働者階級にvacancesを与えたことでした。具体的には、**年2週間の有給休暇**がフランス国民に付与されることになったのです。

これを出発点として、フランスは有給休暇の日数を段階的に増大させていきます。現在、フランスの労働者は、1ヶ月以上勤務した時点で月2.5日の有給休暇を取得できます。1年間労働すれば、**年間30日の有給休暇**が保障される。6ヶ月以上勤務してようやく10日の年休が付与される日本人から見れば夢物語です。

フランスでは、5月1日から10月31日の間に、最長4週間の長期休暇を取ることができます。すなわち、フランス人労働者には「**夏休みを取る権利**」が人権として付与されています。ゆえに、フランスの夏は、全フランス国民にとってバカンス期間となります。地中海沿岸やアルプス山脈に向けて、フランス国民の「民族大移動」が始まるわけです。フランスが「バカンスの国」と呼ばれる所以です。

「バカンスの風景」

カンヌの海でバカンスを楽しむフランス人たち。カンヌに代表されるように、南フランスの地中海沿岸地帯はコートダジュール（Côte d'Azur）と呼ばれ、ヨーロッパ屈指の保養地であり、フランス人にとって典型的なバカンス目的地となっています。

一方、夏休みの権利がない日本の労働者は、気温35度を超える真夏日でも、汗だくになりながら満員電車に収容され、会社まで移送されると、苦痛と不自由だらけの労働に深夜まで励む。しかも、その労働時間のあちこちで「サービス労働」すら発生する。まさに**地獄**です。

LECTURE

10

社畜の口癖を真似るな

DO NOT FOLLOW
SLAVISH TWEETS.

社畜の口癖はみな同じである

あなたが日本企業に入社すると、たくさんの社畜のオジサンオバサンと毎日のように顔を合わせて、コミュニケーションを取ることになります。よく鍛えられた熟練の社畜になると、毎日のように決まった口癖を吐き出します。しかも、面白いことに、どこの会社に属する社畜だろうと、**同じようなフレーズ**を口にするのです。

要するに、社畜の口癖に「個性」はありません。その社畜本人オリジナルの世界観や人生観から生まれるものではありません。あなたが社畜のオジサンオバサンたちを観察すれば、彼らの口癖の背景に、何らかの**社会的・組織的イデオロギー**が潜んでいるのがわかります。要するに、彼らは、社会や組織からそのフレーズを口癖とするように長年をかけて矯正されているわけです。

社畜に共通する口癖

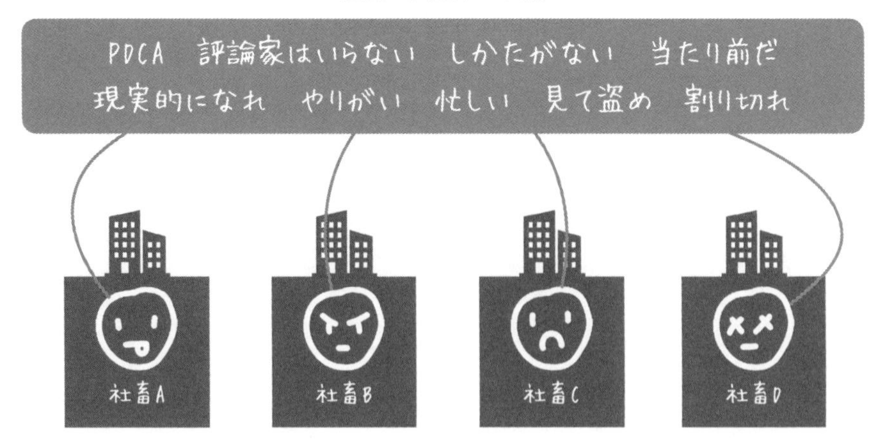

社畜が日々さえずる口癖にはさまざまなものがあります。本章では、その中でも特に重要な3つのフレーズを取り上げましょう。すなわち「**PDCA**」「**評論家はいらない**」「**しかたがない**」です。これら3つはそれぞれ全く異なった言葉に見えますが、実は根底では深くつながっています。

みなさんが労働の世界に入り、これら3つのフレーズを何の躊躇もなく吐くようになれば、それはみなさんが**成熟した社畜**になれた証拠です。言い換えれば、この3つが自分の口癖になった時点で、実質的な人生がほぼ終わったものと自覚すべきです。

「PDCA」

社畜の中でも特に年季の入ったオジサンが、毎日うわごとのように口にする言葉こそ「**PDCA**」です。多くの日本企業で日常的に吐かれている典型的な呪文です。PDCAとは、計画（Plan）→行動（Do）→検証（Check）→対処（Act）という4つのフェーズを回していけ、と従業員たちに押しつけられる行動原理です。

あらかじめ設定された**計画（P）**に基づいて**行動（D）**し、その行動（D）の結果として生まれた実績を**検証（C）**し、計画と実績が乖離している原因を追及して**対処（A）**する。その4フェーズが完了したら、新たな計画に入っていく。こうした行動を取れる労働者こそ、良き労働者だというわけです。

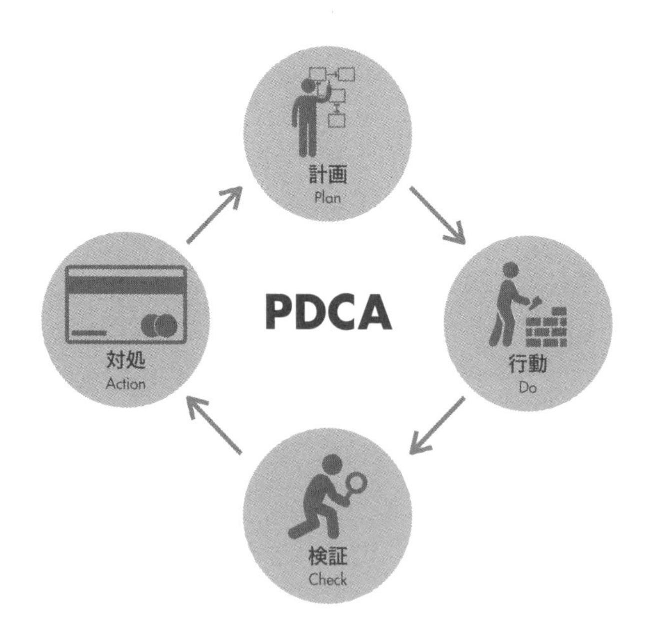

敗戦後、アメリカから来日した統計学者ウィリアム・エドワーズ・デミング（William Edwards Deming, 1900-1993）が統計的品質管理を高めるためにPDCAのアイデアを提示します。それを日本の経営者たちが従業員の管理統制ツールとして普及させていきました。いまや、多くの日本企業が「PDCA」という言葉をあたかも**宗教的な戒律**のように振り回して、従業員をコントロールしています。

NOTE

デミングは後年、PDCAの誤りを指摘しています。特に検証（C）は、計画（P）に適合しているか否かを審査する意味合いが強く、結局はP（計画）への服従性を強めることになる。むしろ、C（check）はS（**study**）に置き換えるべきである。計画に沿って実行した結果についてみなで学習し直し、計画（P）を含めた全サイクルへの改善を図るべきである、ということです。

デミングは、生涯をとおして、統計学者、コンサルタント、研究者、作家、大学教員として活動し、人生を通して、アメリカの統計調査方法に多大な影響を与えました。

何かを計画して実行する。実行結果を学習して問題点に対処する。こうした行動サイクルは、そこらの小中学生でも、ゲームやスポーツを楽しんでいる際に、無意識に遂行していることです。それ自体は特に問題はありません。しかし、会社の上層部がその行動サイクルにPDCAという名前をつけて職場に普及させ、**絶対的な教義**にしていけば、とたんに組織と労働者を疲弊させる害悪へと変わり果てます。

まず、PDCAが上から押しつけられる戒律になると、**計画の神聖化**が起こります。組織の上の方で、何らかの計画を立てる（組織の下の方になるほど、計画決定権は実質的に与えられません）。それを神聖不可侵のものとして、下々の従業員に押しつける。従業員は、その計画通りに実行しようと、日々努力する。しかし、実際には計画通りには進まない。

検証（C）フェーズにおいて、上司から詰められて苦悩しながらも、最後は身体と精神を総動員させて、なんとか計画通りの実績を生み出していく。生み出せなかった場合は、従業員たちが**最終的な責任**（ex. 左遷、解雇、自殺）を取らされるのです。

4フェーズの途中において〈組織の上の人間たち〉が作った計画そのものが批

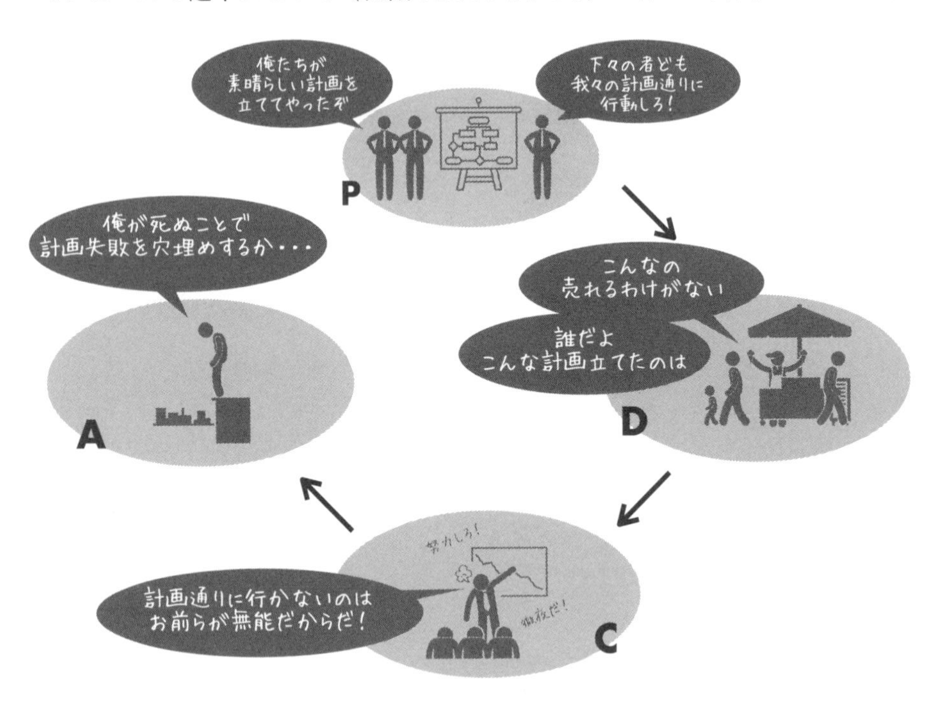

判されることはほとんどありません。その計画通りに実行できない〈組織の下の人間たち〉にすべての責めを負わせるシステムとして、PDCAという都合のいい教義が存在するだけの話です。**太平洋戦争における日本軍**そのものです。PDCAは、戦後日本において「軍隊としての会社」「兵士としての従業員」を作り上げるのに都合のよい戒律でした。

NOTE

1942年10月24日、ガダルカナル島にて日本軍の一支隊が壊滅したところを米軍が撮影した写真です。この**ガダルカナル作戦**（the Guadalcanal campaign）では、大量の重火器を手にして待ち構える米軍に向かって、白兵戦（銃と刀を用いた近接戦闘）を仕掛けては殲滅されるという同じ失敗が何度も繰り返されました。

太平洋戦争という戦争を一言で説明するのは困難ですが、最も重要なポイントの1つは、日本軍上層部の打ち出す計画の中に非合理的なものが多々見られた点です。敵側戦力や現地状況を正確に把握しないまま、上層部が**楽観論**と**精神論に依拠した非現実的な軍事計画**を立てて、現場部隊に命じてムリヤリに実行させ、計画通りに行かない場合は、現場部隊の「無能さ」「臆病さ」に原因を求め、似たような計画を何度も繰り返して実行させる、といった事態が相次ぎました。現場責任者たちは、計画通りに物事が進まない責任をとらされ、ある者はその場で自殺し、ある者は、部下の兵隊たちとともに、敵軍に向かって刀一本で突撃し、その場で玉砕していきました。

特に、戦後日本において、PDCAを最も有効活用した組織は、1971年に結成され、1972年に壊滅した**連合赤軍**（連赤）という左翼集団です。

1960年代の学生運動は、参加者が爆発的に増大したこともあり、「権力といかに戦うか」だけではなく「組織をいかに管理するか」が重要テーマとなっていました。そこで、当時の学生運動の指導者たちが活用したのがPDCA的な行動サイクルです。幹部が立てた計画に従ってみなで行動し、あとでその行動結果を検証する。メンバー一人ひとりに反省を迫り、今後の行動をどのように改善するかを報告させるわけです。こうした一連のプロセスは「**総括**」と呼ばれていました。

そのような中、1971年に結成された連赤は、警察組織との「銃による殲滅戦」をめざす擬似的な「軍隊」でした。連赤の指導者だった森恒夫（1944-1973）は、検証（C）フェーズにおいて「**精神の共産主義化**」という検証基準を持ち出します。警察との殲滅戦を貫徹するには、単に「革命」や「共産主義」の理屈を口にするだけではなく「恐怖を克服した無私の闘争精神」が必要であり、それを連赤では「共産主義化」と呼んだわけです。

連赤におけるPDCA

連赤が群馬の山岳地帯に潜伏すると、森恒夫は、何らかのミスや弱腰な態度が見られたメンバーに対して、執拗に「総括」を要求するようになります。そして、銃による殲滅戦という組織の計画（P）に貢献するために、**いかにして精神を共産主義化させるのか**を報告させ続けました。

それがやがて**組織の絶対的論理**として場を支配し「殴って気絶させることで共産主義化させる」事態が常態化します。最終的には、29名のメンバーのうち12名がリンチされたり死刑宣告を受けて死亡しました。それほどの異常な状況に陥っているにも関わらず、組織から逃亡したのはわずか3名でした。

結局、総括という試練に耐えて生き残ったメンバーのうち5名が山荘に立てこもり、警察組織との銃撃戦を繰り広げます。これが戦後日本における最大級の事件として名高い**あさま山荘事件**です。

連赤は日本企業そのものでした。日本企業が理想とする組織形態そのものでした。指導者の策定した計画が絶対視され、兵士たちは、計画を実行するためのコマとして、行動のみならず精神をもコントロールされます。計画通りの実績が生み出されなければ、文字通り、**死をも覚悟した検証（C）と対処（A）**が要求されるわけです。戦後日本において、連赤ほどPDCAを忠実に守ろうとした組織はありませんでした。

ただし、現在の日本企業は、連赤とは異なる方向にPDCAを進化させているのが観察できます。2010年代に入ってから、日本企業では、計画通りの品質の製品が生産できなかった際に、検証や対処ではなく、品質データそのものを書き換える手段に出るようになります。三菱自動車、日産自動車、マツダ、スズキ、神戸製鋼所、スバル、KYB、日立化成。日本を代表する大手企業が、次々と**品質不正**を問われ続けました。

要するに、現在の日本企業においては、会社上層部の策定した計画に対して、形式的に帳尻を合わせておけば、PDCAの教義を守ったことになるわけです。検証（C）と対処（A）のために、昨日までの同志をリンチすることさえ恐れなかった連赤と比べて、なんと堕落した集団に成り下がったことでしょう。現在の日本企業は、連赤とは異なった形で、**PDCAの病**に侵されているのです。

「評論家」はいらない

「評論家はいらない」というのも、多くの日本企業で日常的に吐かれている言葉です。求人欄に「評論家はいりません」と注意事項をわざわざ載せている会社もあるぐらいです。

この場合の「評論家」とは、自分の所属している会社や部署に対して、具体的な対案を出さずに、第三者的な視点から批評を繰り返す従業員のことです。ここでは「批評的従業員」とでも呼びましょう。なぜ会社は批評的従業員を嫌うのか。当然ながら、組織や上司を批評されたくないからです。

組織というものは、特定の文化・制度・価値・因習といったフレームワークの下に日々動いています。もちろん、完璧なフレームワークは存在しません。何らかの非合理性をはらんでいたり、時代の流れに対応できていない旧態依然なケースもあるわけです。

しかし、古株の上層メンバーになるほど、そのフレームワークに慣れきって日々行動している。そのフレームワークに乗っかり続けて現在の地位を築いてきた。その慣れ親しんでいるものを内部から攻撃されたくない。批評的従業員が組織の中で増殖すれば、**会社内の上下関係・権力関係**を弱体化させる要因になりかねない。そうした恐怖が存在します。

批評を否定する組織では、誰もが「正しくない」「間違っている」といった価値判断を抱いていても、その意見が「組織に対する批評」になってしまうことを恐れて、会議や職場でそのような意見が表面化しにくくなります。いわゆる**萎縮効果**が生じて、類似した態度と意見が並ぶだけの同質的な言論空間となるのです。

社会心理学では、**集団極化**（group polarization）という理論があります。価値観の類似したメンバーによって構成される同質的な集団は、その内部でコミュニケーションを図れば図るほど、集団全体の見解が極端な方向性に流されやすくなる——それが集団極化です。

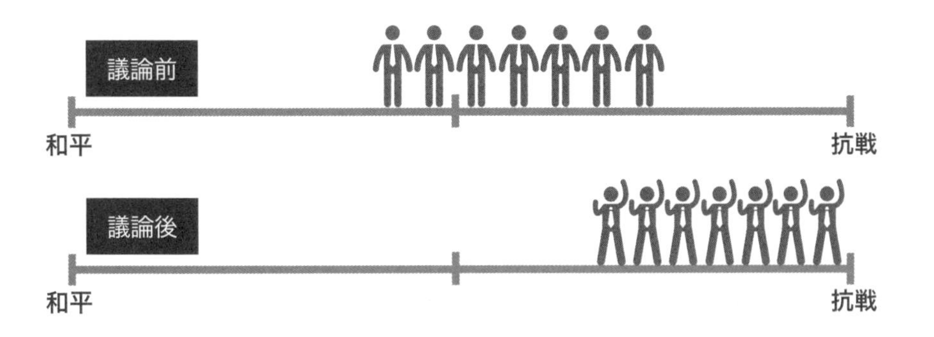

われわれは「みなで話し合えば、より良い結果が得られる」と考えがちです。しかし、歴史を振り返れば、会議をすればするほど**組織そのものを破壊に導き**

かねない結論に行き着くケースは、無数に存在します。太平洋戦争期における日本政府内部の動きなどが代表例です。日本企業の取締役会もまた、同質的なムラ社会と化している点で、有力な事例となり得ます。なぜ日本経済が「失われた30年」という窮地に陥っているのか。われわれはこうした組織文化の面からも問い直すべきです。

NOTE

この点、近年、日本でも、**社外取締役**の重要性が説かれるようになってきました。社外取締役とは、現在・過去において、その会社の役員・従業員ではなかった取締役のことです。会社にとって社外取締役を置くことのメリットは、その名の通り、**外部的視点**を取り入れることにあります。社外取締役は、経営に関する高い識見はあっても、その会社内部の具体的事情については詳しい知識も経験もありません。そのような第三者的な立場であるからこそ、取締役会という会議において、会社全体に流れている同質的な空気に惑わされることなく、自由に発言することが期待されています。ただし、日本では、社外取締役に適したプロフェッショナルな人材が圧倒的に不足しています。必然的に、学者・会計士・弁護士・元官僚といった「**経営の素人**」をお飾りで社外取締役に就けているだけの会社はたくさん見受けられます。そのような人物を取締役会に迎えても、株主の利益になるか、外部的視点を取り入れたことになるのかと言えば、極めて懐疑的です。

「評論家はいらない」と叫ぶ人々の中には「批評を否定しているわけではない。**対案を出さない無責任さ**を否定しているだけだ」と主張するケースもあります。

しかし、対案を要求するのならば、対案を策定するために必要な組織情報を分け与える必要があります。しかし、それは会社や経営陣にとって恐怖です。**上層部が独占している情報**を「材料」に過ぎない従業員にまで共有させることは、上層部の権力そのものを分け与えることになるからです。

要するに「対案を出せ」という言説は、正確には「おまえに対案を要求するが、対案を作るために必要な情報はおまえには与えない」という意味にすぎません。組織の上層にいる者にとって、情報の共有化は、自らの地位や権限を脅かす恐怖そのものだからです。言い換えれば、批評を嫌う者は、はじめから対案など望んではいません。ただ純粋に自分に対する批評を封じたい願望があるのみであり、自分の地位や権威が**下から脅かされる恐怖**があるのみです。

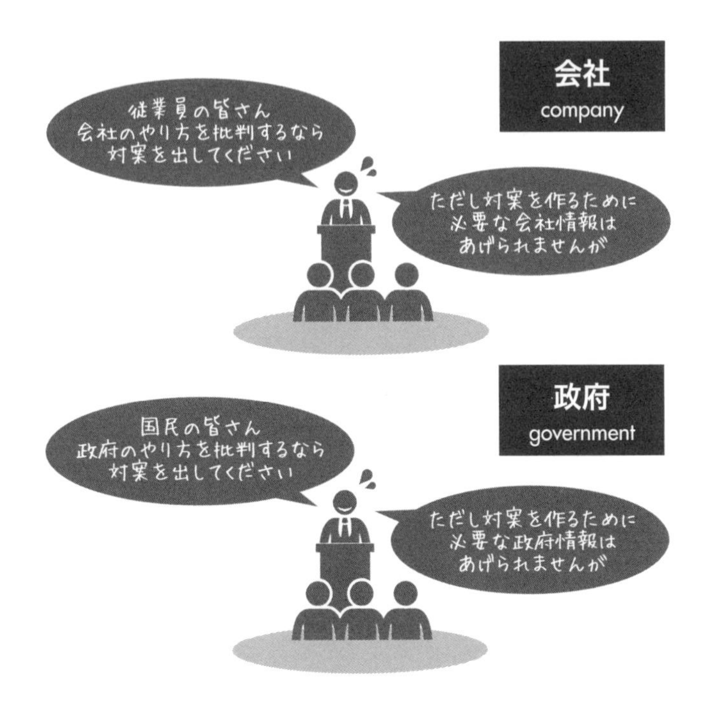

「しかたがない」

社畜の口癖の中でも最高峰となるのが「**しかたがない**」です。ほとんどの日本人労働者が1日に1回以上は「しかたがない」を口にしたり、心の中でつぶやいているはずです。

かつて、政治学者の**丸山眞男**（1914-1996）は、1952年の論文「〈現実〉主義の陥穽」において、日本人の精神構造を象徴する言葉として「しかたがない」という日本語に着目しました。

私たちは大人になるにつれて「**もっと現実的になれ**」とまわりの人間から言われるようになります。理想論をふりまわすのをやめて、現実主義に徹することが一人前の大人に成長していくプロセスだというわけです。

しかし、現実主義とは、古代ギリシャの時代から「現実を観察し、自分が目指すべき理想に向けて、新たな現実を具体的に作り出そう」という意味合いを含んできました。一方、なぜか日本人にとっての現実主義とは、単に「**上から与えられた現実に服従する**」態度のことにすぎません。その服従の際に呪文のように吐き出す言葉こそが「しかたがない」です。

NOTE

“現実とは本来一面において与えられたものであると同時に、多面で日々造られて行くものなのですが、普通「現実」というときはもっぱら前の契機だけが前面に出て現実のプラスティックな面は無視されます。いいかえれば現実とはこの国では端的に既成事実と等置されます。現実的たれということは、既成事実に屈伏せよということにほかなりません。現実が所与性と過去性においてだけ捉えられるとき、それは容易に諦観に転化します。「現実だから仕方がない」というふうに、現実はいつも「仕方のない」過去なのです。”

丸山眞男「〈現実〉主義の陥穽」

『世界』1952年5月号掲載より抜粋

（写真・共同通信社）

労働者は、いままでの労働人生でどれだけ「しかたがない」をつぶやくことで思考停止に成功してきたことでしょう。満員電車はしかたがない、サビ残はしかたがない、年金を将来もらえないのはしかたがない。こうして、**現実から逃避したまま人生を終了させているのが**、平均的な日本人労働者の姿です。

私たちの目の前には、**理不尽な世界、受け入れがたい世界**が常に広がっています。私たちは、それにどう対処すればいいのかわからずに不安になります。しかし、そのような不安に陥ったら、ひとこと「しかたがない」と自分自身に相槌を打てば、目の前の悩みから瞬時に解放されるわけです。何も考えなくてよくなるし、何も行動する必要がなくなります。

こうして、日本社会では、本来、**みなで行動して変えていくべき現実**が変えられずに残存し続け、みなを苦しめ続けるわけです。何世代も前の権力者たちが構築して下々に押しつけた現実をいまだにみなが「**しかたがない**」**という呪文**の下に受け入れる。丸山眞男が「しかたがない」という日本人の精神構造を指摘してから、既に70年近くが経ちますが、日本人は大して何も変わっていないわけです。

社畜ワードはすべてつながっている

先ほど「PDCA」というワードを解説しました。日本におけるPDCAは、戦後当初にアメリカの学者が提示したものからズレていき、その意味がガラパゴス化していきます。ついには**「上が作った神聖不可侵な計画にみながムリヤリ合わせていく」**イデオロギーに変容しました。

上の作った計画を神格化させるには、批判や反発を封じる社内文化が必要となります。「評論家はいらない」というワードは、そうした社内文化を象徴するものです。いったん批評を絶対悪とみなすイデオロギーが流布してしまえば、神聖不可侵な計画のみが**絶対的な正義**となるわけです。

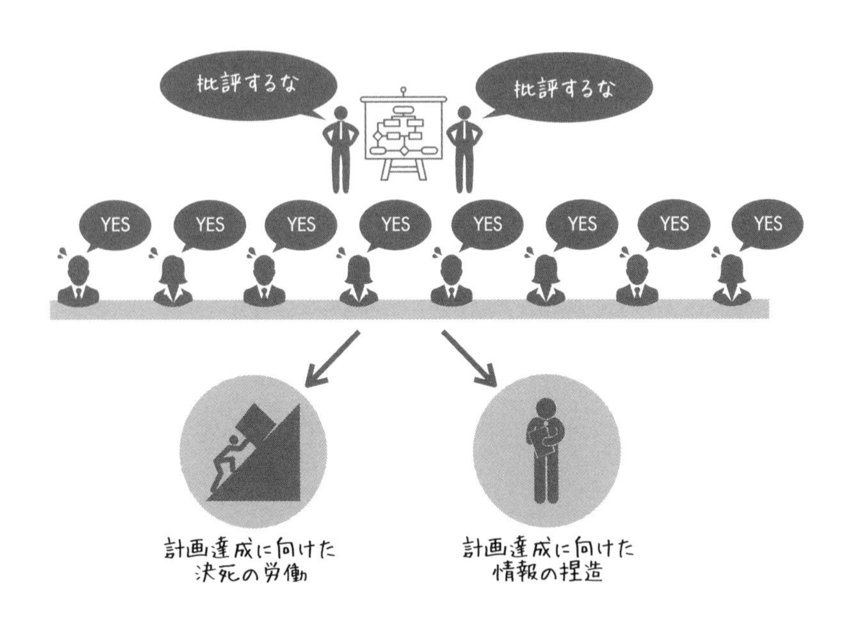

下々のメンバーに与えられた選択は、死をも覚悟して計画達成に全力を投入するか、データを捏造して計画が無事に達成されたように装うかのいずれかです。

さらには「PDCA」は「しかたがない」とも関係してきます。繰り返しますが、日本におけるPDCAとは「上が作った神聖不可侵な計画」を崇める宗教であり、その計画にみなを服従させる戒律です。いったん、計画が生まれると、その計画の実行がはじまり、計画に合わせた「**具体的現実**」が着々と作り出されていきます。

その途中で、誰かがその現実に対して違和感を覚えたり、問題点を感じたとしても、「**もう現実がそうなっているのだから、しかたがない**」という日本型リアリズムによって、違和感や問題意識は封殺されていくのです。あとは、上から与えられた「動かしようもない現実」にひたすら適合しようとみなが必死になるだけです。

人間が集まれば、そこで多様な価値・見解が対立しあい、交差することがあります。しかし、日本型組織では、そうした対立と交差を排除する傾向が強い。組織の上層において決定された事項が宗教的次元にまで神聖視され、組織の下層は、その事項を無条件で受け入れる**同質的な集まり**となるよう求められる。

要するに、社畜の口癖の多くは**多様性**（diversity）を排除するイデオロギーとつながっています。「PDCA」「評論家はいらない」「しかたがない」といった社畜ワードは、そうした傾向を強化する〈職場内の言論統制〉ツールとして、日々機能しているわけです。

LECTURE

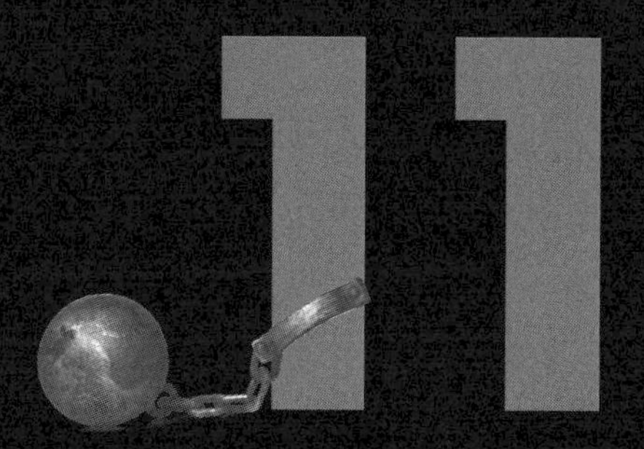

あなたは資本主義世界にいる

YOU ARE IN THE CAPITALIST WORLD.

この世界には階級が存在する

いつの時代も、私たち人間の住む世界には、**ヒトとモノという2種類の存在**があります。言い換えれば、人間の住む世界では、常に無数のモノが生産され、消費されています。食糧も武器も衣類も家屋もなければ、人間世界は成立しません。売春や教育といった形なきモノも、人間同士の集まる世界において不可避的に生み出されます。

こうしたモノを生産するためのモノを**資本**といいます。例えば、田畑や農具や種子は、農作物というモノを生産するためのモノです。自動車というモノを生産するには、原材料、機械、工場、事務所などの資本を準備しないといけません。そして、そうした資本一式を揃えてモノを生産していく組織が会社です。

資本主義とは、この資本や会社といったものを社会のみなで共有するのではなく、一部の個人が私的に専有する仕組みです。カネを大量に持っている人々は、この資本を所有することができます。彼らのことを資本家階級（capitalist class）と言います。ここではわかりやすく**「1%階級」**と表現しておきましょう。

1%階級は、有望な会社に投資して、その会社を所有し、その会社が生み出す利益を手にすることができます。また、会社を所有すると、その会社を運営する権限も持てます。ゆえに、1%階級の一部は、経営者としても活動することがあります。

一方で、カネを持っていない人は、会社に自分自身を売って、生存していくしかありません。それが労働者階級（laboring class）です。ここではわかりやす

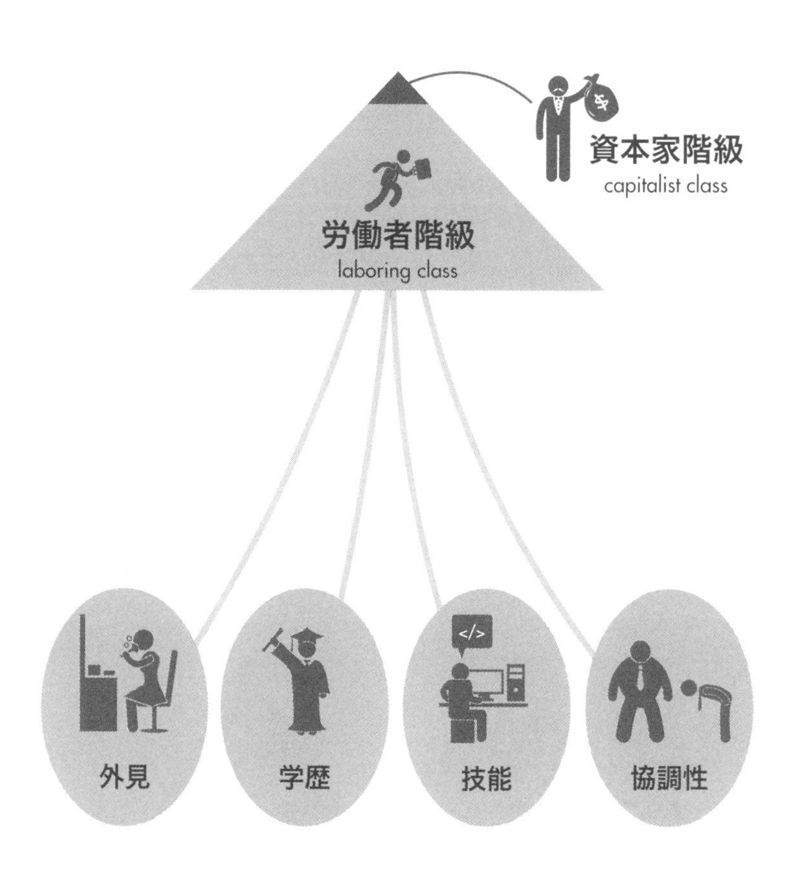

く「**99%階級**」と表現してみましょう。

99%階級に生まれた子どもは、小さい頃から、外見・学歴・技能・協調性などを鍛えていく必要に迫られます。自分自身をより高く販売するために、**自分自身の価値を高める活動**に幼少期から入っていくわけです。この本を読んでいるあなたもそういう人生を送ってきたはずです。

日本にも階級は存在する

日本という国も、資本主義世界の一部です。下図を見てください。これは日本社会における経済階層の図です。**純金融資産**（金融資産から負債を引いた額）がいくらあるかによって、日本の全世帯を5つのクラスに分類しています。

要するに、あなたの住んでいるこの国は、れっきとした**階級社会**（class society）だということです。昔のように、公家だの武家だのといったわかりやすい身分はなくなりましたが、資産というものによって、きれいなピラミッドができあがる社会だということです。

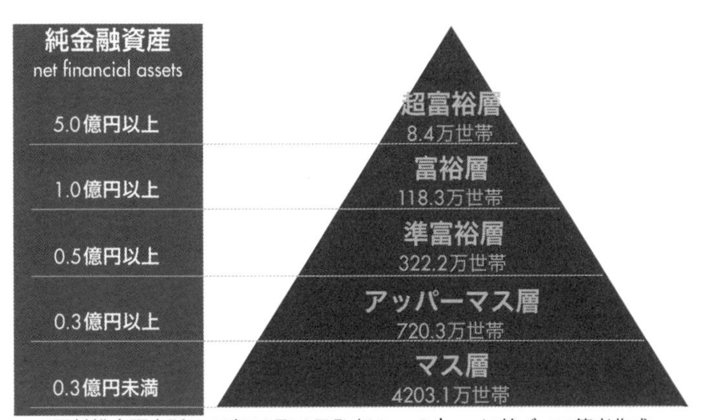

野村総合研究所2018年12月18日発表News Releaseに基づいて筆者作成

頂点に位置する超富裕層は「**経済的強者**」と表現できます。言い換えれば「一生労働する必要のない層」です。一方、マス層やアッパーマス層は「**経済的弱者**」と表現できます。言い換えれば「一生の大半を労働に費やさないといけない層」です。

要するに、この世の中には、大して労働しなくても自由に生きていける人種もいる。その一方で、常に働かないといけない人種もいる。言い換えれば「**義務としての労働**」を押しつけられて一生を送っている人々が大量に存在するのです。

自由に生きていける人種

働かないといけない人種

おそらく、この本を読んでいるあなたの実家も、純金融資産が3000万円未満しかないマス層ではないでしょうか。手持ちの金融資産よりも負債の方が上回っている可能性も高い。住宅ローン、リフォームローン、自動車ローン、教育ローン、毎月のクレジットカードの返済——そうすると、その莫大な負債を返済するために、**労働をやめたくてもやめられない状況**に陥っているはずです。

時間は平等に存在しない

1%階級と99%階級の間にある格差はカネだけではありません。人間にとってカネより重要なもの――**時間**に関しても、膨大な格差が生じます。時間はみなに平等に分け与えられてはいません。

「お金持ちも庶民も、時間だけは平等だ。なぜなら誰にも寿命があるからだ」と、大人が子どもによく教えます。しかし、これは偽りです。99%階級の人生をよく見てください。彼らは、一度しかない貴重な人生時間の大半を「**本当はやりたくもない労働**」に費やしているだけです。

もちろん、この世界には「**自分のやりたいこと**」をそのまま生涯の仕事としている労働者も存在します。しかし、Lecture1で述べたように、そのような幸運な労働者は、ごく一部の割合に過ぎないわけです。

一方、1%階級は、人生時間の大半を「**自分のやりたいこと**」に費やすことが時間的に可能となります。趣味、学問、政治、事業、旅行、恋愛、性交などに没頭する時間を生涯保障され、生涯にわたって自由な人生を謳歌できます。睡

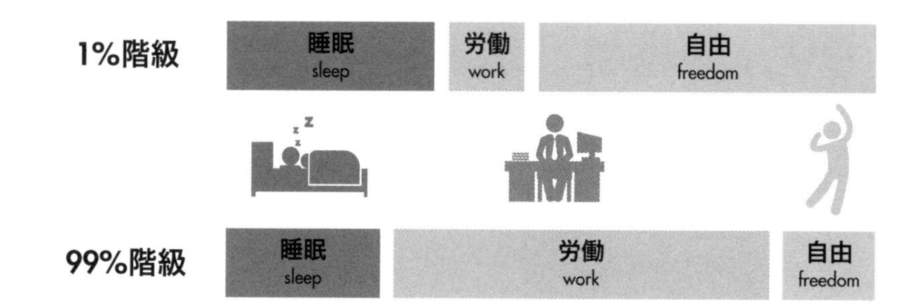

眠時間も十分に確保できます。99%階級は、彼ら1%階級の自由な人生を支えるために存在しているようなものです。

私たちは、社会科の時間に「人間にはみな人権があり、自由が保障されている」と説明を受けます。しかし、実際には、資本主義世界における「自由」とは人権ではありません。自由とは商品です。**カネで買う商品**です。

あなた（もしくはあなたの一家）がたくさんカネを持っていたら、自由がたくさん手に入る。あなた（もしくはあなたの一家）がカネをたいして持っていなかったら、自由はたいして買えない。それは、そのあたりにうごめく背広姿の社畜たちを観察していれば、瞬時に理解できることです。

99%階級は負債と一体化している

人間はモノなしには生きていけません。食料、衣料、住居、家具、薬、医療、教育。現代では、そうしたモノを手に入れるために、カネを支払う必要があります。1%階級だろうと99%階級だろうと、それは同じです。

ただし、そうしたモノを買うために、1%階級は、自分の資産のほんの一部を削ればよいだけです。そのほかに負担はありません。一方、99%階級の場合、自分の手元に十分な資産がありません。必然的に、彼ら99%階級は、生活に必要な金を捻出するために借金を抱えます。

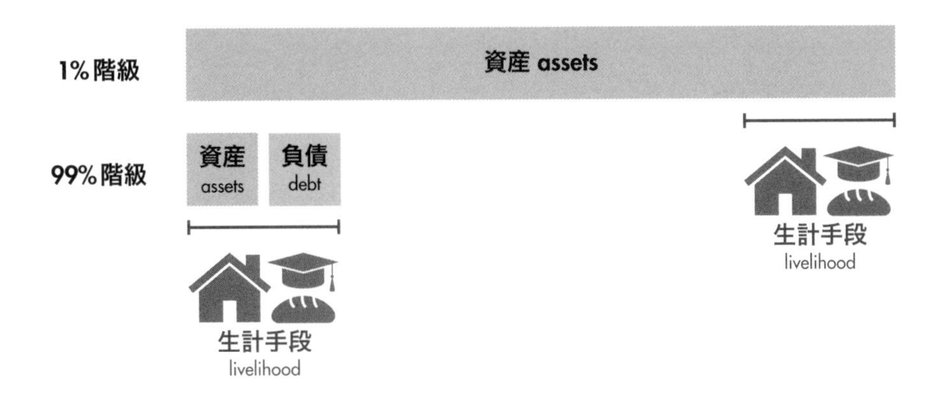

例えば、労働者は、数十年におよぶ住宅ローンを金融機関と契約して、住む権利（right of residence）を手に入れます。資本主義世界では、〈住む〉という人間の基本的行為も、人権ではなく自己負担の問題にすぎません。毎月のローン返済が滞れば、金融機関の手によって〈住む権利〉を剥奪されて追い出されま

す。ゆえに、労働者は文字通り死ぬ気で労働し続けて、ローンを返済し続けます。

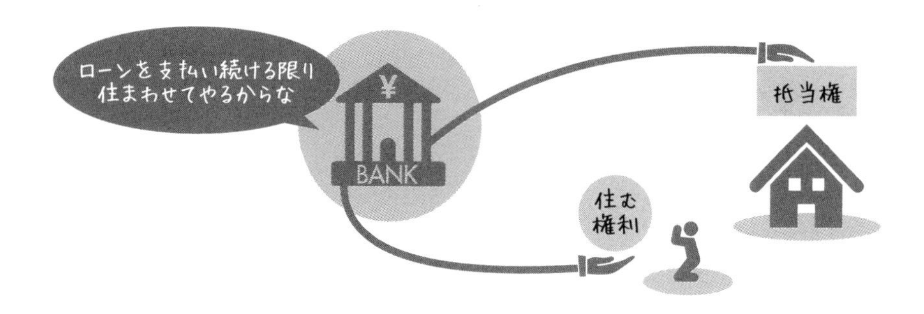

ローンを返済するということは、借りたカネを返すだけではなく、莫大な額の**利息**（interest）も延々と支払い続けることを意味します。金融機関としては、99％階級がローンを支払い続ける限り、利息という利益が「濡れ手で粟」で手に入る。もし99％階級がローンの支払いを止めれば、住宅を取り上げてしまえばよい。実にローリスクで利益が入る仕組みです。持たざる者から持つ者へ、自動的に利益が流れていく世界がこうして出来上がります。

NOTE

利息は、人類社会において、貨幣が普及する前から出現していた伝統的な慣習です。例えば、多くの古代国家では、種子を大量に持っている人間が、他人に**種子**を貸してやり、収穫期に利息をつけて返済させる慣行がありました。

一方で、古代から中世にかけて、**キリスト教社会**では、他人に利息を要求することに対して、一定のタブーが存在してきました。金融資本家を数多く生み出した**ユダヤ教の世界**でも「貧者と同胞」から利息をとることは禁じられていました。

また、イスラム社会では、現代でも、預金に対する利子が付かない**イスラム銀行**（Islamic banking）が多数存在します。欧米の銀行や金融ブローカーの中には、イスラム教徒の顧客向けに、利子の付かないイスラム口座（Islamic account）を用意しているところもあります。

一方、古代日本を見ると、奈良時代の養老律令に、**出挙**（すいこ）という言葉が出てきます。農作物は神に捧げるものであり、困窮した民には、神から農作物が貸し出され、収穫期には借りた分より多い農作物を神に返礼するという利息ビジネスのことです。

出挙は、**神仏に直結する支配階級**やその取り巻きたちのみが関与できる特権的ビジネスでした。政府によるものは公出挙（くすいこ）と呼ばれ、民間によるものは私出挙（しすいこ）と呼ばれていました。公出挙は年利50％、私出挙は年利100％までが認められていました。公出挙は「第二の税」と化し、地方機関にとって貴重な収入源となっていました。

このように、日本では、モノを貸して利息を取るという行為に対して、**宗教的・道徳的タブー**はほとんど存在しませんでした。むしろ、日本では、宗教すら利息ビジネスに積極的に加担してきたのです。

労働者が「住む権利」を手に入れるために負担するのは、住宅ローンだけではありません。多くの国々では、住宅という財産を所有している事実に対して**財産税**（capital levy）が課せられます。日本では固定資産税などを指します。また、住宅は毎日のように酷使されるモノなので、すぐに壊れていきます。ゆえに、**修繕維持費**も用意しなければいけません。場合によっては、**リフォームローン**という形で、新たに利息付きの負債を背負うこともあります。さらには、火災や地震が起きた時のために損害保険に入らないといけません。この**保険料**も相当の負担となります。

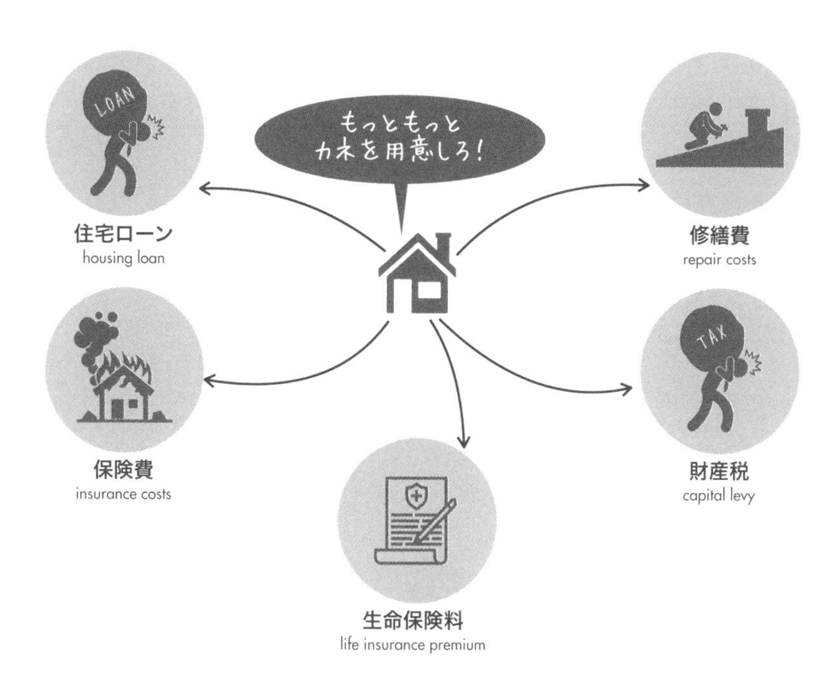

さらに、労働者は、自分自身が死んでローンが返済できなくなった時のために、あらかじめ**生命保険**に入ることもあります。自分が死んだ時は、その生命保険金によって、残りのローンを返済するわけです。99％階級にとって〈住む〉

という人間の基本的行為は、自分の生命をも担保に入れなければならないほど、過酷な経済的負担を強いるものなのです。

しかも、数十年後にローンを完済する頃には、その不動産の資産価値は、限りなくゼロに近くなります。その一方で、ローンを完済した後も、財産税や修繕費や保険料といった固定コストはなくなりません。住居を持ち続ける限り、未来永劫そうしたコストを支払い続けるのです。そういう意味で、資産価値は**実質マイナス**です。

要するに、99％階級は、住宅ローンを組んで、資産ではなく**負債をわざわざ買っている**ようなものです。99％階級である限り、簡単に資産が蓄積していかないように、この世の中の仕組みはできている。99％階級は、常に負債を抱え、負債を支払うための労働に日々従事し、毎月の負債支払額の計算をしながら生きていく。まさに、労働者の人生とは、負債と一体化したものです。

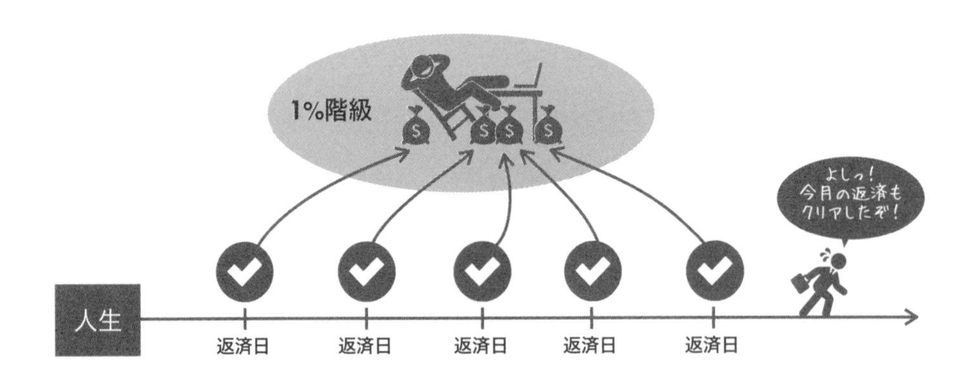

99％階級がこういう**負債漬けの状況**にあるのは、1％階級からすれば都合がいい。1％階級は99％階級の労働力を常に必要としているからです。99％階級を負

債漬けにしてしまえば、いくらでも奴隷のように命令を聞いてくれます。

　地方転勤を命じたら黙って単身赴任するし、土下座しろと命じたら土下座するし、裸で踊れと命じたら裸で踊ります。会社をクビになれば、金融機関にローンが支払えなくなり、住宅を剥奪されるわけです。住む家を失うぐらいなら、裸踊りぐらいなんでもありません。

　かつて、古代の奴隷は、鎖によって拘束されていました。現代においては、人間の身体を鎖でしばりあげることは人道上の批判を浴びます。ゆえに、鎖の代わりに負債が使われています。現代において、負債は「**奴隷を縛るツール**」として機能しているのです。

起業家
マーク・キューバン
(Mark Cuban, 1958-)

まず借金をなくそう
借金からの解放は
どれだけカネを
稼ぐことよりも重要だ

著述家
エズラ・パウンド
(Ezra Pound, 1885-1972)

昔は戦争して奴隷を獲得した
今は負債によって奴隷を作っている

資産運用コンサルタント
デイブ・ラムゼイ
(Dave Ramsey, 1960-)

勝者でないあなたが
勝者のふりをする手段こそ
借金である

個人投資家
ネイサン・モリス
(Nathan W.Morris)

キミが借金することは
将来のキミ自身に対して
強盗することなんだ

哲学者
ノーム・チョムスキー
(Noam Chomsky, 1928-)

多額の借金を背負っている学生は
社会を変えようとは思わなくなる
負債システムに囲まれていると
考える余裕がなくなるのだ

学費高騰化という「懲罰」によって
卒業する頃には借金だけでなく
「懲罰的文化」を植え付けられ
消費経済の良き材料にさせられていく

作家
ヴィクトル・ユーゴー
(Victor Hugo, 1802-1885)

雇い主はキミの身体を所有するだけだ
しかし債権者はキミの尊厳を所有し
それを自由に操ることができる

投資家
ウォーレン・バフェット
(Warren Buffett, 1930-)

若い人たちに
ひとつだけアドバイスできるとしたら
それは借金をしないことです

バークシャー・ハサウェイの株主総会にて
14歳の株主に向けて

政治家／投資家
アンソニー・スカラムチ
(Anthony Scaramucci, 1964-)

借金していいのは
収益の発生する資産を
獲得できる場合のみだ

LECTURE

12

資本主義は
イデオロギーである

CAPITALISM IS IDEOLOGY.

資本主義国家はカモを欲している

資本主義という仕組みを国是としている国家を**資本主義国家**（capitalist state）といいます。代表例としては、アメリカ、日本、韓国などが挙げられます。

資本主義国家は〈資本主義の維持〉を最大のミッションとしています。そして、資本主義を維持するには、資本主義のために人生時間をわざわざ犠牲にしてくれる労働者たち、すなわち「カモ」が大量に必要となります。必然的に、資本主義国家は「カモ」を複製大量生産する必要に迫られます。

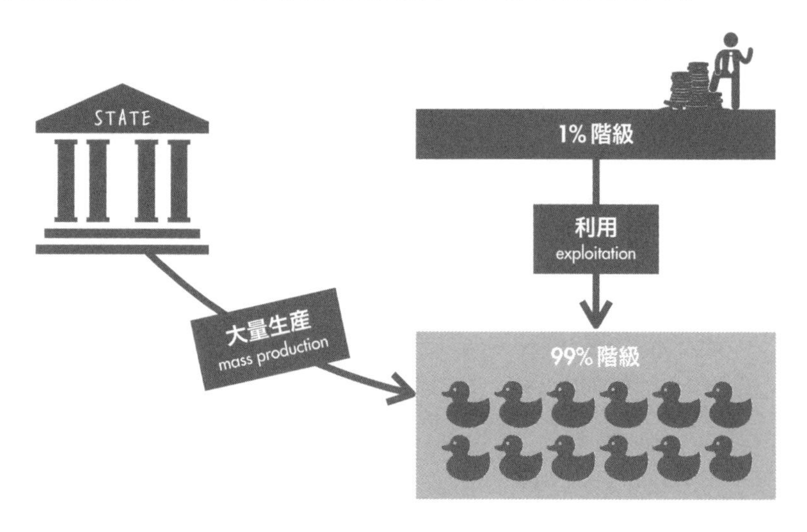

国家がカモを生産する手法は、どこの資本主義国家でもたいして変わりがありません。資本主義に都合のよいイデオロギーを教育や宣伝を通じて浸透させていくことです。そもそも資本主義（capitalism）という言葉は、末尾が-ismとなっています。〈仕組み〉であると同時に、ある特定の偏った価値観を絶対視す

る〈イデオロギー〉でもあるわけです。さまざまな小イデオロギーを組み合わせた**巨大なイデオロギー装置**、それが資本主義です。

どこの資本主義国家においても流布されているイデオロギーは、主として4つ挙げられます。すなわち、**勤労**、**競争**、**消費**、**自助**です。それぞれ説明しましょう。

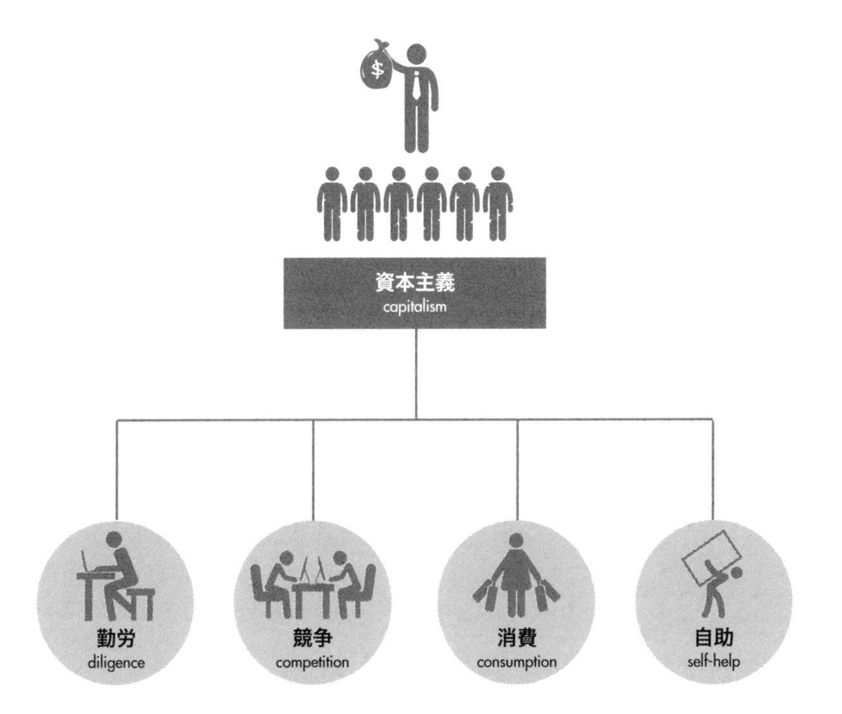

資本主義は勤労を求める

第1は**勤労**（diligence）です。「上から求められている質・量の労働力を常に提供せよ」というイデオロギーです。あなたも、子どもの頃から「人間は働くべきだ」という価値観に多かれ少なかれ影響を受けてきたのではないでしょうか。学校を出たら、すぐに労働者にならなければならない。一定年齢に達しているのに働いていない人間は間違っている。多くの日本人がそのような意識を抱いているはずです。

実際、日本人の大半は、高校や大学を出ると、**空白期間なく**働きに出ます。そして、老後になるまで、空白期間をほとんど設けず、真夏の日も極寒の日も、早朝に起きて、会社の指示通りの時間に出社し、上から求められている水準の労働を常に提供することに全人生をかけていくのです。この勤労については、次章で詳しく取り上げるため、ここでは、この程度の説明でとどめておきましょう。

資本主義は競争を求める

第2は、**競争**（competition）です。「他者と自分を常に比較し、他者と常に競争せよ」というイデオロギーです。あなたも、子どもの頃から、勉強や部活動で、他者と競わされてきたはずです。大学受験においては、偏差値によって他者との比較が図られます。大学に入れば就職活動という競争が待っています。会社に就職すれば、従業員同士の競争が待っています。そうしたあらゆる競争に参加していく。1人でも多くの人間を追い抜けるよう努力する。それが競争というイデオロギーです。

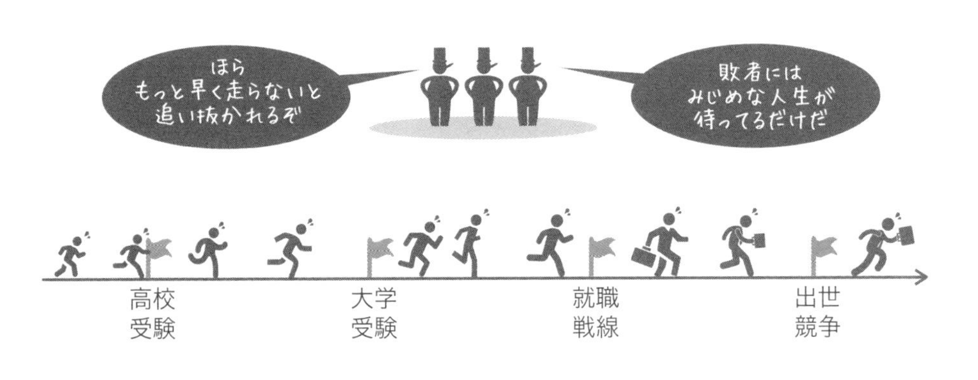

私はこれまでさまざまな大学生に接してきましたが、ほとんどの若者が共通して抱いているのは、**偏差値序列に基づく劣等感**です。偏差値40台の学生は、50台の学生に対する劣等感を持っているし、早慶MARCHクラスであれば、東大京大一橋東工大といった有名国立大学に対する劣等感を垣間見ることができます。

さらに言えば、例えば大学生の中には「本当は法律をみっちり学びたかったが、慶應SFCと立教法にしか受からなかったので、やむなく慶應SFCに入学した」「本当はアニメーターの専門学校に行きたかったが、早稲田政経に受かったので、いまは早稲田で何の興味もない経済学を学んでいる」といったケースも聞きます。

本来であれば「自分が人生をかけてやりたいこと」を意識した上で、自分自身の学びたい分野にそのまま進学すればいいだけです。しかし、実際には、競争というイデオロギーが絶対的に優越し、偏差値という**勝ち負け指標**に従って、慶應や早稲田に入学するわけです。「自分は何を学びたいか」よりも「自分は競争に勝ったことになるか、負けたことになるか」の方がはるかに重要なのです。その結果、彼らは4年間なんの興味もない授業をひたすら受け続ける。まさに苦痛です。

彼らは、就職活動においても、**競争という価値観**を優先して行動します。「本当はウェブデザイナーになりたかったが、ウェブ制作会社と三菱商事から内定を得たので、いまは三菱商事で働いている」といったケースはよく聞きます。ウェブ制作会社に入れば、ウェブデザイナーへの道に少しでも近づくかもしれません。しかし、しょせんは名も知れない中小企業です。給与水準も経営安定度も低い。そもそも、中小企業という時点で、ビジネス社会では負け組とみな

されがちです。

一方、三菱商事はまぎれもない勝ち組です。どこで誰に会っても「三菱商事で働いています」と名乗れば「あ、この人は就職戦線で勝利した人なんだ」と相手は思ってくれます。競争というイデオロギーに基づけば、三菱商事を蹴ってウェブ制作会社に入社するなど、ありえない選択肢です。「自分は生涯をかけて何をやりたいのか」よりも「**自分は労働市場で勝ったことになるか、負けたことになるか**」の方がはるかに重要なのです。

競争は人生をわかりやすくしてくれます。社会にあふれている〈勝ち負けの基準〉に従って、日々勝利に向けた努力を続ければいい。しかし、その社会にあふれている基準に従って競争し続けた先にたどり着くものが、必ずしも〈自分のやりたいこと〉であるとは限りません。むしろ、競争を意識して人生を選択し続ける結果として、〈本当はやりたくもないこと〉ばかりをやらされる人生になる可能性は大いにあるのです。言い換えれば、競争とは、本人にとって「**自分は何をやりたいのか**」を一生考えずに済むイデオロギーとも言えるわけです。

資本主義は消費を求める

第3は**消費**（consumption）です。「モノを常に購入し続けよ」というイデオロギーです。資本主義国家では、より多くのモノを持てば持つほど、その人間は幸福だと周りが認めてくれます。30歳を過ぎれば住宅ローンを組んで住宅を購入する。子どもができたら、有名私立校に通わせて学歴という商品を購入する。とにかく、モノを所有せよ。モノを消費せよ。その向こうに、いつか周りから「幸福で羨ましい」と言われる日がやってくるわけです。

繰り返しますが、人間にとってモノは必要不可欠な存在です。古代より、人類はモノをめぐって、他者と争い、他者と殺し合ってきました。古代よりホモサピエンス同士の衝突の大部分は**モノをめぐる衝突**です。

資本主義世界が生まれると、会社が人間にとって必要な食料・衣類・住居などを大量生産していきます。労働者たちは、会社に対して労働力を提供する身分となる一方、労働の見返りとして受け取る賃金を使って、**会社の生み出すモノ**（食料、衣服、住居、教育など）を手に入れて生存を図るわけです。

現代に入ると、資本主義はさらに高度化し、モノが大量生産されるだけではなく、モノが次々とブランド化（branding）されていきます。労働者たちは、日々獲得した賃金によって、より多くのモノを所有し、よりブランド化されたモノを消費するようになります。そこに他者に対する優越感を見出し、やがては幸福や自尊心を見出していきます。こうした考え方を**物質主義**（materialism）といいます。

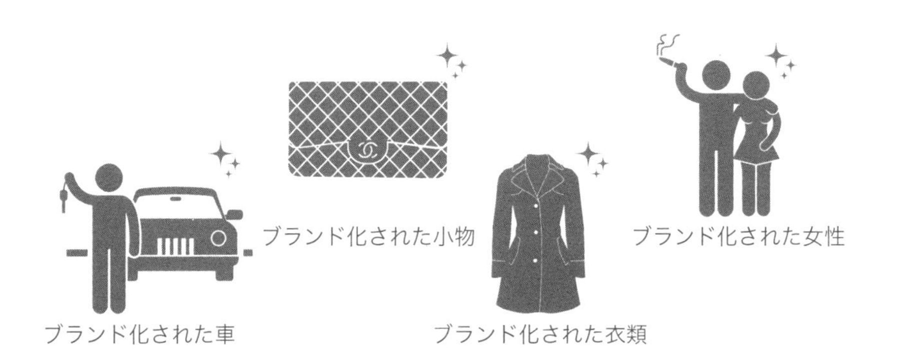

NOTE

資本主義と物質主義の関係を論じた著作物として有名なのが、ドイツの経済学者ヴェルナー・ゾンバルト（Werner Sombart, 1863-1941）の**『恋愛と贅沢と資本主義』**（1912）です。この本によれば、資本主義の発展をもたらす基盤となったのは恋愛であり、恋愛のために用いられる贅沢なライフスタイルでした。宮廷における恋愛と贅沢は、やがて貴族の邸宅に広まり、やがては市民階級にまで広がっていきます。そして、大都市を中心として、贅沢をもた

らすためのさまざまな産業が成立していくのです。この物質主義的傾向は、20世紀に入ると、貴族や富裕層だけではなく、一般庶民の階層にまで普及します。

例えば、かつては大学教育そのものが労働者たちの憧れるモノでした。しかし、現在はいかなるブランドの大学に入ったかに重点がシフトしています。同じクレジットカードホルダーでも、ダイナースやCitiゴールドカードを保有していると、ネット通販系のカードを使っている人々に対して、限りない優越感を抱きます。住所が港区か江東区かのわずかな違いで、マンションの値段が変わってきます。これらは、まさに**物質主義的な現象**そのものです。

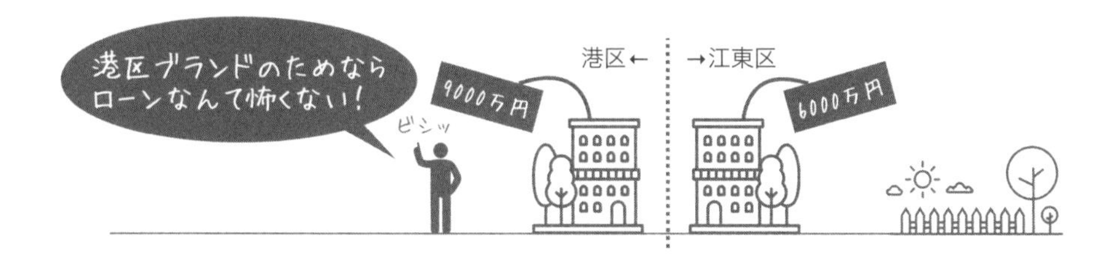

NOTE

Citiゴールドカードは、世界に冠たるシティグループが発行してきたクレジットカードです。券面に「citi」と大きな文字が打たれ、それを悪趣味なほど眩い金色で染め上げるデザインで、一部の物質主義者たちから好評を博してきました。2015年、Citiカードは三井住友信託銀行に事業譲渡され、カード券面も大幅に質素なものに変わりました。それがブランド価値の増大となったか減退となったかは言うまでもありません。

逆に言えば、物質主義のメリットは、自分が幸福か否かについて数量的（quantitative）に確認できる点です。自分が幸福な人生を送っているか否かは、自分の資産と年収で測ればよいのです。

あなたが他人より多くのカネを持っており、他人より多くのモノを所有し、他人が持っていない高価なモノを消費していれば、どれだけつらく苦しく不自由な人生を送っていようと、あなたは間違いなく「幸福」です。逆に、周りの人々が持っているモノをあなたが持っていない場合、あなたは、どれだけ自由な人生を満喫していても、物質主義者たちから「不幸な人間」とみなされます。

労働者は、物質主義的な幸福を求めて、過酷な労働に耐え、過酷なローン地獄に耐える人生をスタートさせます。Lecture7において、私は「歴史的な労働運動が1日8時間労働制を実現させた」と説明しました。しかし、資本主義が進化して、物質主義的な価値観が下々にまで浸透してくると、労働者たちは、1日8時間分の賃金では支払いきれない額のモノを買うようになります。残業代を稼がないと支払えないほどのローンを背負うようになります。その結果、従業員みずからが、会社に対して**長時間労働を積極的に求める**ようになるのです。

こうした現象は、1%階級から見れば好都合です。資本家や経営者からすれば、労働者にはより多く労働してほしいし、消費者にはより多く消費してほしいからです。こうして、今日も、労働者＝消費者＝カモたちは、モノを買うように煽られ続けています。「**もっと働け。もっとモノを買え。モノを持てば、いつか幸福がやってくる**」と。

資本主義は自助を求める

私たちは、資本主義世界に生まれて、資本主義世界の中で人格を形成されます。勤労、競争、消費といったイデオロギーに多大な影響を受けながら人生を送ります。しかし、そのようなイデオロギーに従い続けたとしても〈**楽しい人生**〉〈自由な人生〉がやってくる保証はありません。

繰り返しますが、労働者の人生は〈負〉に満ちています。勤労というイデオロギーによって、労働がいかに美化されていようと、実際の日々の労働は、**苦痛と苦悩と不自由**に満ちた時間にすぎません。

競争というイデオロギーによって、私たちは周りの他者に1人でも勝てるよう努力します。しかし、その競争に勝ち残れるのはごくわずかな人々です。競争に参加すればするほど、あなたは**敗北と劣等感**を味わい、嫉妬と卑屈と憎悪に満ちあふれた人格を形成します。

消費というイデオロギーに従って、学歴や自動車やマンションを所有するには、大量のカネが必要となります。カネを用意できないからローンを組みます。負債という「**奴隷の鎖**」を一生身につけることになります。

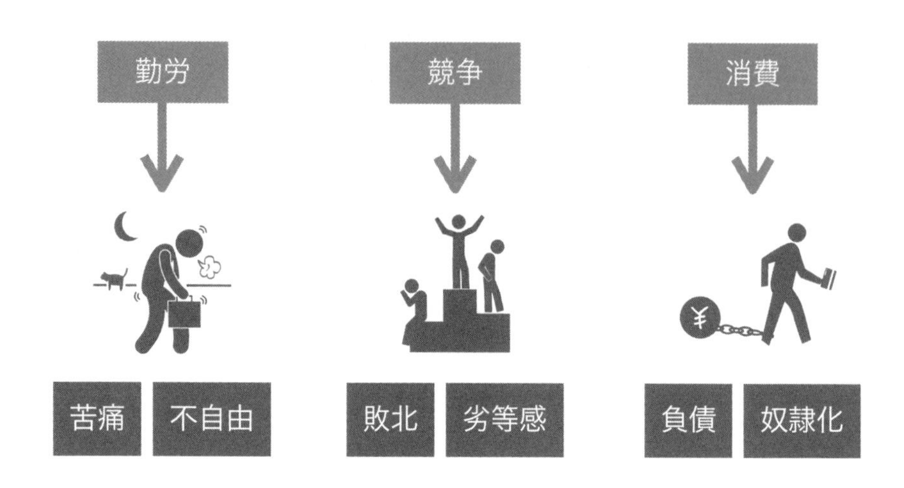

要するに、上から与えられたイデオロギーに従って、レールに沿った人生を送ってみても、待っているのは、**損失の不可避的拡大**（inevitable spread of losses）です。生きていくほど、自由・幸福・平穏といったプロフィットよりも、不自由・苦痛・苦悩といったロスの量のほうが上回っていくのです。

楽しい記憶はすぐに忘却される一方で、つらい記憶は長期間にわたってその者の脳内に留まり続けます。負の記憶やトラウマが溜まり続けると、**ストレス障害やうつ病**などにも至ります。労働者階級がレールに沿った人生を送る限り「損失の不可避的拡大」は避けられない状況となっていきます。

しかし、そうした状況が生まれるのは、おまえ自身に欠陥があるからだ。欠陥は自分自身で努力して補え。他人に甘えるな。不平不満を口にするな。政治や社会のせいにするな——。

あなたも、そうした「宗教的教義」を幼少期から押しつけられてきたはずです。この教義を「**自助**」と言います。近年は「**自己責任**」というワードで言い換えられることもあります。この自助も、資本主義国家に欠かせないイデオロギーです。資本主義国家においては、あらゆる〈政治的課題〉ができる限り〈個人的課題〉に置き換えられます。世界の仕組みを変えることでしか解決できないはずの問題を〈**個人の努力・能力**〉の問題に置き換えるのです。

自助のイデオロギー

あなたの抱えている不自由・苦痛・苦悩の大部分は、実は**政治的努力**によって解決できるかもしれない。大幅に減らすことができるかもしれない。しかし、世界の仕組みそのものを政治的に変えてしまうと、それによって損失をこうむるのは、現在の世界の仕組みによって利益を得ている1%階級です。

また、あらゆる個人的課題を政治的課題としてしまうと、行き着く先は資本主義のライバルである社会主義の世界です。ですから、資本主義国家は「**あらゆる問題は個人的問題である**」という姿勢を強めるのです。

言ってしまうと、資本主義国家における政府の役割とは、資本主義を文化(culture)として定着させることです。文化として定着させてしまえば、そこに住んでいる労働者たちは、資本主義という仕組みを疑ったり、資本主義の正しさについて議論することもなくなります。資本主義という仕組みや考え方が当たり前になりすぎて「資本主義」という言葉そのものが頭の中から消えてなくなります。

そもそも主義(-ism)とは、ほかに対立する主義が色々とあり、それらと競合しているからこそ使われる言葉です。ほかに対立するものがなければ、-ismなどは存在しなくなります。労働者たちが「**私は資本主義世界に存在している**」と意識することもなくなります。「資本主義世界」ではなく、単なる「世界」になるのです。

LECTURE

13

日本は勤労国家である

JAPANESE PEOPLE EXIST TO LABOR.

日本男性は労働のために存在している

下図を見てください。これはOECD加盟国における「全労働者の年間平均労働時間」です（2017年集計データ）。よく「日本人は働きすぎだ」という意見を聞きますが、この国際比較グラフを見る限り、日本人全体がそれほど働いているようには見えません。先進国全体の中でも**平均クラスの労働時間**です。

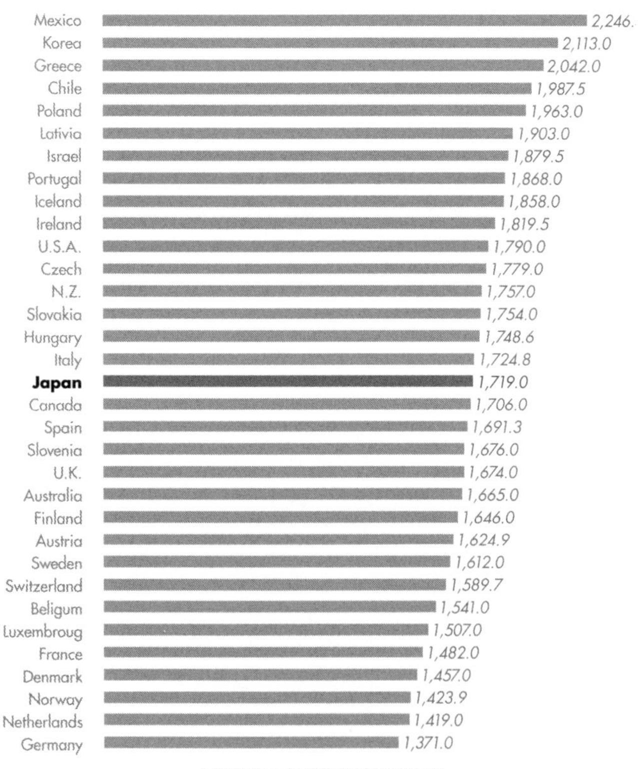

全労働者の年間労働時間平均(h)
Source: OECD Data (2017)
https://data.oecd.org/emp/hours-worked.htm

これには裏があります。下図を見てください。これは同じくOECD加盟国における「男女別の1日平均労働時間」です（2017年集計データ）。これを見れば一目瞭然ですが、男性に限ってみると、日本は**世界最悪の長時間労働大国**となります。一方で、女性はパートタイム労働者が多いので、必然的に平均労働時間は短くなります。ゆえに、男女を合わせた「全労働者の平均労働時間」になると、OECDの中でも中位あたりになるわけです。

日本の労働環境は、単に長時間労働が蔓延しているだけではなく、深刻な男女格差問題もあり、非常に**複雑で込み入った様相**を呈しています。

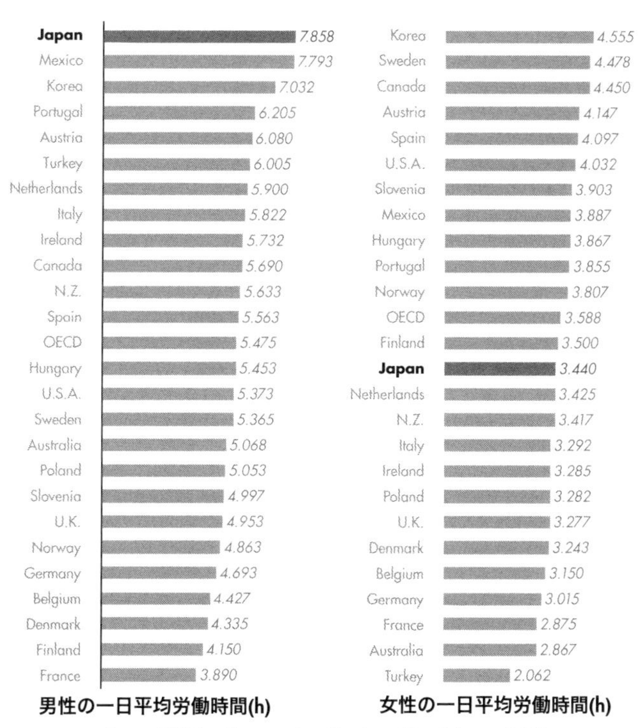

Source: OECD Stat. Time spent in paid and unpaid work, by sex. (2017)

さらに問題なのは、こうした統計上の数値に**サービス残業**の時間が考慮されていない点です。要するに、OECDや日本政府が把握していない非公式の労働時間が大量に存在するということです。

日本人労働者が平均してどれほどのサービス残業をこなしているか、完全に正確なことはわかりません。しかし、専門家による実証結果はいくつか存在します。例えば、2000年代に労働政策研究者の小倉一哉（1965-）が調査した結果では、日本全国のフルタイム労働者のうち47％がサービス残業を経験しており、その平均時間は**月28.6時間**にのぼります。

2010年代に入ると、サービス残業に関する訴訟も多くなり、残業代を正確に支払う会社も少しは出てきました。それでも、サービス残業という国民文化そのものがなくなるわけではありません。2014年に連合が実施したアンケート調査では、サービス残業経験者は約42.6％、その平均時間は**月16.7時間**となっています。

このサービス残業という非公式の労働時間を計算に入れると、日本人の労働時間は想像を絶するレベルとなるはずです。特に、男性労働者の労働時間はさらに世界でも群を抜くレベルになることは確実です。まさに、日本男性は、**労働するために生まれてきた存在**と言えるわけです。

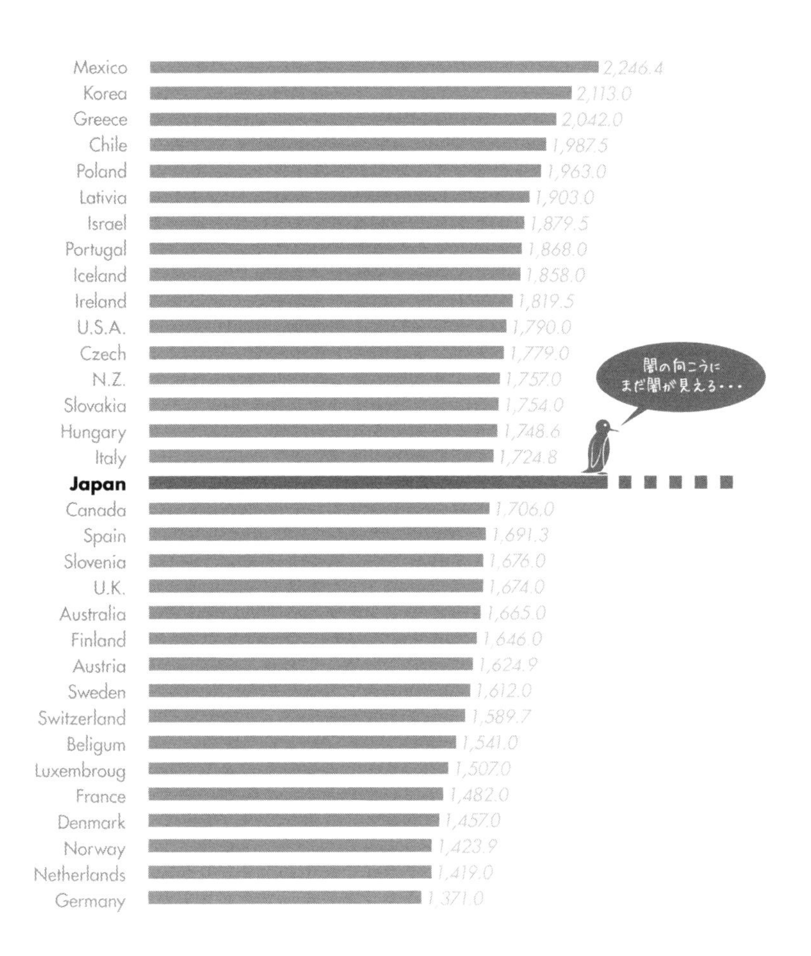

ちなみに、筆者の私は、2011年から2017年にかけて、早稲田大学（日本を代表する社畜大量生産施設の1つ）の講義において、受講生たちに向けて「将来の勤務先からサービス残業を強いられた場合、それを受け入れるか」というアンケートを実施してきました。その結果を見ると「受け入れる」と回答した早大生は累計74％となっています。日本の大学生は、すでに学生のうちから、サービ

ス残業に屈し、**会社に屈する精神**を昂揚させているようです。

大学卒業後、新卒で入社した会社において
サービス残業を強いられた場合、それを受け入れますか？

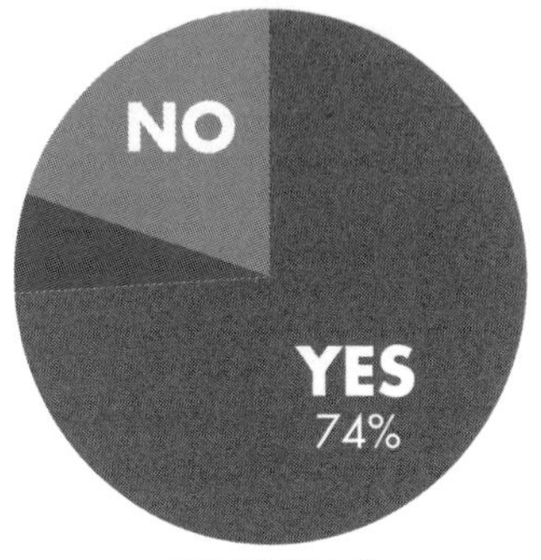

（総回答数729）

日本は休暇も祝日もない国である

日本は、毎日の労働時間が長いだけではなく、休暇も少ないことで有名です。この本では有給休暇について既に言及しました。下図を見てください。これはOECD加盟国における**公的休暇（有給休暇＋有給祝日）**の日数です。労働者が初年度にもらえる法律上の休暇日数です。

これを見てもわかるように、日本の場合、休暇日数はわずか**10日**と絶望的に少ないのです。しかも、本書ですでに言及したとおり、その少ない休暇日数すら満足に使えない文化や慣行が社内に根づいています。

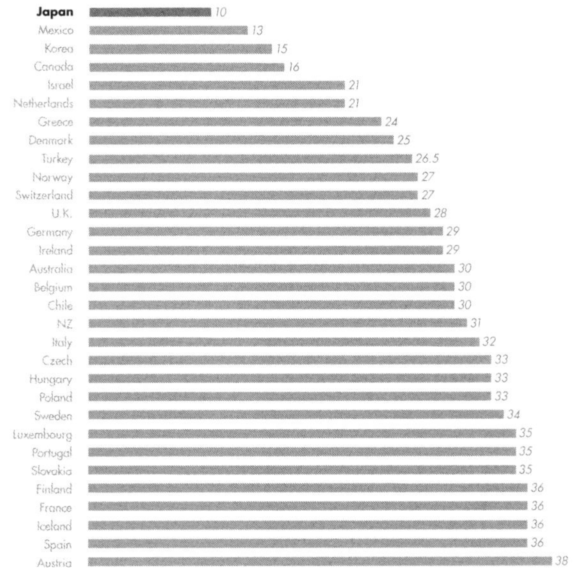

年間有給休暇（有給休日＋有給祝日）

フルタイム労働者が1年間勤務した時点

この点、政治家や経営者の中には「日本は確かに有給休暇が少ないが、その代わりに祝日が多いからいいのではないか」という人もいます。しかし、これは明白な誤りです。**日本の祝日は休暇日ではありません。**

ひとくちに祝日（holiday）といっても、その法的性質は、国によって異なります。特に、人権先進国では、祝日は**有給祝日**（paid public holiday）となっていて、全国民に休暇が法律で保障されます。祝日に休暇をとった分、その月の賃金が引かれることもありません。やむをえず祝日に労働させられた労働者には、休日出勤という扱いで賃金が割増されたり、もしくは、代わりの休日が保障されます。

しかし、日本の祝日は、労働者に休暇を保障する日ではありません。日本における祝日の法的根拠となっているのは**祝日法**です。同法3条には「祝日は休日とする」という文言が見えますが、これは「会社は祝日に労働者に労働させてはならない」という法的義務を示したものではありません。「めでたい日だから、なるべくあなたの会社の従業員も休ませた方が望ましい」という意味にすぎません。

この国の法律では、最低で**週1日の休日**を従業員に与えていれば合法なのです。現に、この国では、祝日にも労働させられている労働者がたくさんいます。また、祝日に労働させられた代償として、代替休日が法的に保障されるわけでもありません。祝日に休んだ分、その月の賃金が低くなる労働者もたくさんいます。国際標準では、日本における有給祝日はゼロなのです。

「祝日に働く街」

祝日の夜、商業店舗の明かりが煌々と道を照らし、無数のタクシーが行き交う銀座の街並み。「日本の祝日」の特徴は、祝日にも関わらず、大勢の労働者が**通常通りの出勤**を要求され、労働を課せられている点です。警察や消防といった公共的な職業ならともかく、なぜ多くの民間労働者が祝日に働かされているのか？　当然ながらそれは、日本の祝日が公定休暇日として法律で定められていないからです。

日本では失業が死と直結する

日本の「勤労」イデオロギーをめぐって、もう1つ重要なのが失業です。毎年の数値を見ても、日本の**失業率**は世界的に見て低い水準にあります。15〜24歳を対象にした若者層の失業率になると、それ以上の世界最低の水準となっています。

日本政府が失業者を少なめにカウントしているのではないかといった疑念もよく聞きますが、そうした問題を差し引いても、日本が**全世代的な勤労国家**であることはまぎれもない事実です。学校にも仕事にも行かずブラブラと自由気ままに暮らしている若者など、他国と比較すると、ほとんどいないのです。

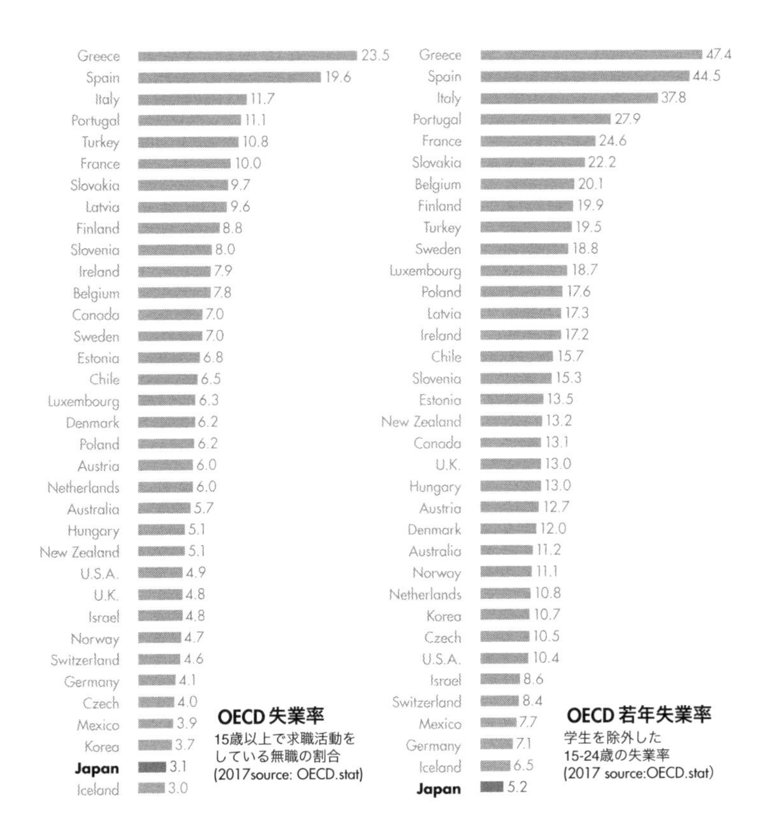

なぜ日本は、これほどまでに失業率が低いのでしょうか。なぜ日本人は、これほどまでに働いているのでしょうか。その答えは簡単です。日本社会には**「失業への恐怖」**が存在しているからです。日本人は、気軽に失業できない、常に労働しなければいけない環境下に置かれているだけのことです。

次のページの図を見てください。これは**失業手当に関する国際比較**のグラフです。政府が失業者・無職者の生活を支援するために、どれだけの予算を使っているかということです。日本が最低水準にあることがわかります。日本国は、失業者のためにほとんどカネを使っていません。

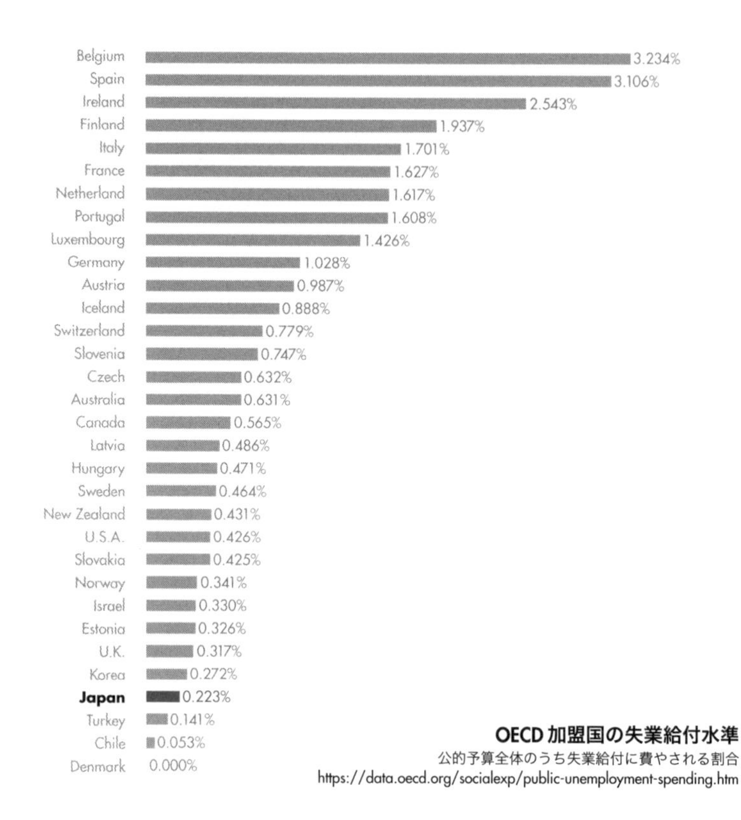

OECD加盟国の失業給付水準
公的予算全体のうち失業給付に費やされる割合
https://data.oecd.org/socialexp/public-unemployment-spending.htm

さらに次のページの図を見てください。これは、失業者が**失業後5年間**、どれくらいの失業給付をもらえるかをノルウェー、フランス、ドイツ、オーストラリア、イギリス、日本の6ヶ国で並べてみた図です。例えば、ノルウェーでは、いったん失業しても、再就職するまで就業時の収入の70%以上が保障されます。フランスでも、2年目以降は就業時の30%が保障されます。

そうした国では、失業は怖くないのです。むしろ、失業は、バカンスのための期間であったり、次の仕事に向けての準備期間・勉強期間であったりするわけです。

年収5万ドルだった労働者が
失業後5年間どれだけ失業手当をもらえるか

	無職 1年目	無職 2年目	無職 3年目	無職 4年目	無職 5年目
Norway	3.60万ドル	3.60万ドル	3.60万ドル	3.60万ドル	3.60万ドル
France	3.35万ドル	3.20万ドル	1.55万ドル	1.55万ドル	1.55万ドル
Germany	3.20万ドル	2.40万ドル	2.10万ドル	1.80万ドル	1.80万ドル
Australia	2.10万ドル	2.10万ドル	2.10万ドル	2.10万ドル	2.10万ドル
U.K.	1.40万ドル	1.40万ドル	1.40万ドル	1.40万ドル	1.40万ドル
Japan	2.25万ドル	0.15万ドル	0.15万ドル	0.15万ドル	0.15万ドル

一方で、日本では、いったん失業すると、わずか数ヶ月間しか失業手当が支給されません。その後は**飢えて死ぬ**わけです。死にたくなければ、どのような劣悪な労働環境の職場だろうと、とにかく我慢して再就職しなければいけません。

だから、この国ではブラック企業がなくならないのです。「働かないと死んでしまう」人間がたくさんいるのですから、彼らの足元を見て、日本企業は劣悪な労働環境を放置したままにするのです。端的に言えば、日本とは「**失業と死がむすびついている国**」です。日本人にとって、失業は恐怖そのものなのです。

日本は空白期間を許さない

この失業問題を言い換えると「日本は空白期間が許されない国」とも言い換えることができます。私は本書の中で「労働の本質は苦痛である」と何度も繰り返して述べました。しかし、一方で〈workとしての労働〉も存在すると指摘しました。労働には「自分のやりたいことをやる」「自分の生み出したいものを生み出す」という側面もあります。同じ苦痛であれば、できる限り**自分のやりたいことをやる苦痛**のほうがマシなわけです。

特に、若者の就職活動は「**自分は生涯をかけて何をやりたいか**」を決めていくスタートラインでもあるはずです。「自分が生涯をかけてやりたいこと」を大まかに決めた上で「そのために、まずいかなるキャリアを積んでいくべきか」を決めていくわけです。

ただし、その「何がやりたいか」が決まるのは、人によっては15歳だろうし、25歳だろうし、人によっては30歳かもしれません。早く決まる人もいれば、遅く決まる人もいます。各個人がそれぞれいつスタートラインに立つかは、当然ながら、**各個人によって異なる**はずです。

しかし、この日本社会を見てください。ほぼすべての人間が、高校や大学を出た後、**空白期間なく**働きに出ています。15歳になったら、みなが一斉に高校に行く。18歳になったら、みなが一斉に大学に行く。22歳になったら、みなが一斉に社会人になるわけです。

言い換えれば「**18歳になったらすぐに大学に入れ。22歳になったら空白期間**

なく働きに出ろ」という宗教じみたイデオロギーが日本社会に蔓延しており、若者たちはみな、その教義に従うだけの人生を同じように歩んでいる。これほど画一的で同質的な社会があるでしょうか。

繰り返しますが、日本では、無職者や失業者に対する支援がほぼゼロです。ゆえに、この国の若者は、学校を出たら空白期間なく働きに出る以外の選択肢を与えられていないのです。そのため、「自分は何をやりたいのか」「この会社で本当にいいのか」を考える余裕もなく、**とにかく就職するしかない状況**となっている。

そして、いったん会社に「正社員」として就職すれば、サビ残にもパワハラにも転勤命令にも長時間労働にも耐え、有給休暇を使ってバカンスに行くことも一切控える。もちろん、会社をやめて長期静養をとるといったこともない。何かしらの理由で会社を辞めるにしても、必ず次の転職先を確保した上で辞めるわけです。**決して自分の履歴書に空白期間を作らない**。それが平均的な日本人労働者の生き方です。

本章では、日本人の労働時間を示すために〈1年間の平均労働時間〉や〈1日あたりの平均労働時間〉に関する国際比較のグラフを表示しました。しかし、この場を借りて、国連やOECDや厚生労働省の方々に提案したいことがあります。それは「これからは**生涯労働時間**も計算して国際比較していく必要がある」という点です。

失業給付や生活給付が整備されていて、多少の期間はブラブラしてもかまわない人権先進国に比べて、日本では、ほとんどの人間が、学校を卒業したあと、空白期間なくフルタイム労働人生に突入し、定年まで途切れることなく労働させられています。生涯労働時間で国際比較すれば、日本における「**勤労のイデオロギー**」の実態がもっと明瞭にわかってくるでしょう。

LECTURE

14

大学が労働者を苦しめる

UNIVERSITIES HURT LABORERS.

日本の学費は世界最悪である

本書は労働をテーマとする本ですが、古代より労働は教育（education）と切り離せません。古代より、ホモサピエンスは、しつけ、洗脳、手習い、訓練、学校など、さまざまな形態の教育を受けた上で、労働世界に放り出されてきました。いかなる教育を受けたかによって、その人間の労働人生がどうなるかは、おおむね確定されます。

この点、現代では、**高等教育**（大学教育・専門教育）を受けることが「より良き人生」を送るために重要なものとなっています。世界最大の人権条約である国際人権規約でも「高等教育を受ける権利」が普遍的人権の1つとして定められています。

この点、日本では、**四大進学率**は2000年に約40％、2010年には約50％となっています。「特別の事情がない限り、高校を出たら大学に行くべきである」というのは、日本においてほぼ定着した不文律となりつつあります。

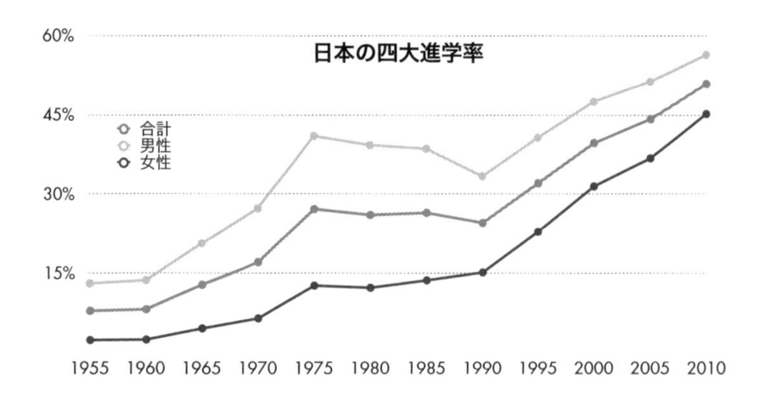

しかし、日本においては、この大学教育が労働者に**経済的リスク**を背負わせている点も指摘しなければなりません。まず下図を見てください。これは国公立大学の学費に関する国際比較のグラフです。日本における異常な学費の高さが分かります。

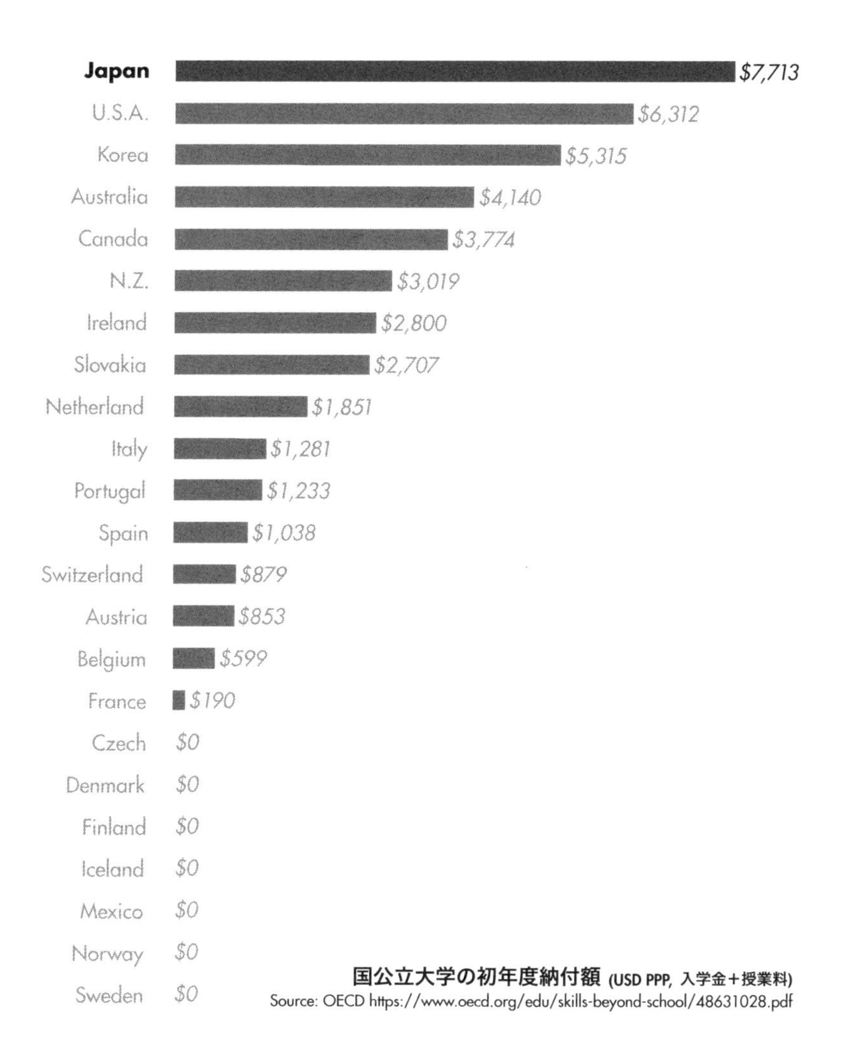

国公立大学の初年度納付額 (USD PPP, 入学金＋授業料)
Source: OECD https://www.oecd.org/edu/skills-beyond-school/48631028.pdf

さらに、下図を見てください。これは、全大学生のうち、国公立大学に通っている者と、私立大学に通っている者の割合を示したグラフです。これを見てもわかるように、日本は、**世界最悪レベルの公私比率**となっています。日本は国公立大学の学費も高いのですが、それ以上に学費が高い私立大学に通わざるを得ない人間が大勢存在するのです。

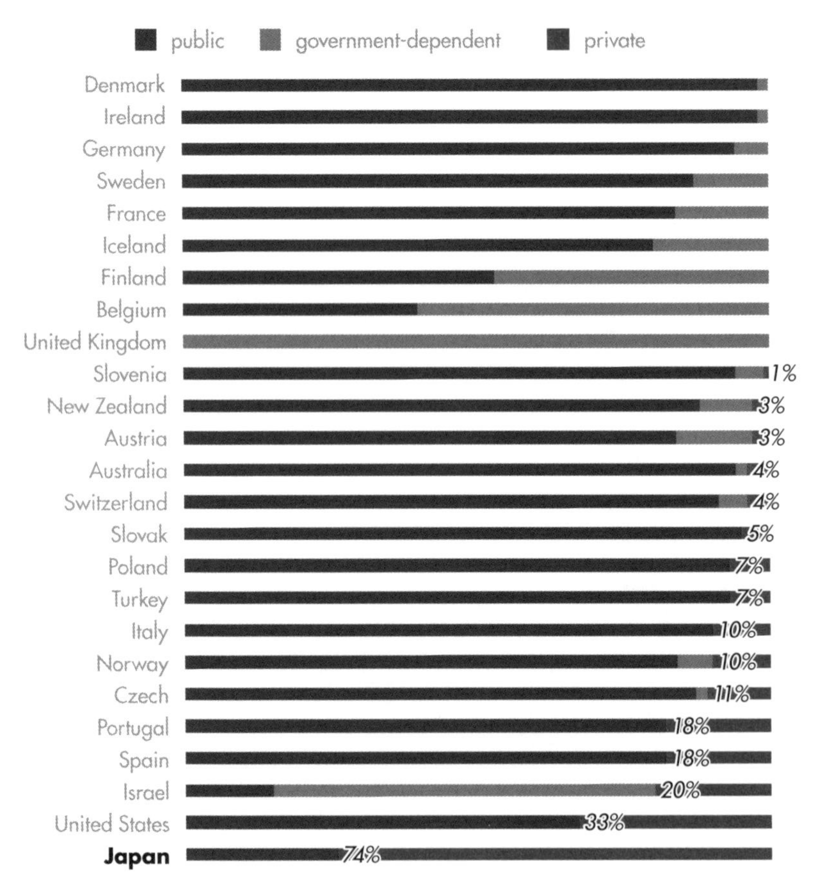

全大学生のうち私立大学に通っている者の割合
source: OECD Education at a Glance 2015-2018

さらに下図を見てください。これは、政府が大学生に対してどれだけ奨学金を与えているかを示すグラフです。これを見てもわかるように、日本は、学費が高いだけではなく、政府から大学生に対してなんらかの経済的支援が送られることすらほとんどありません。

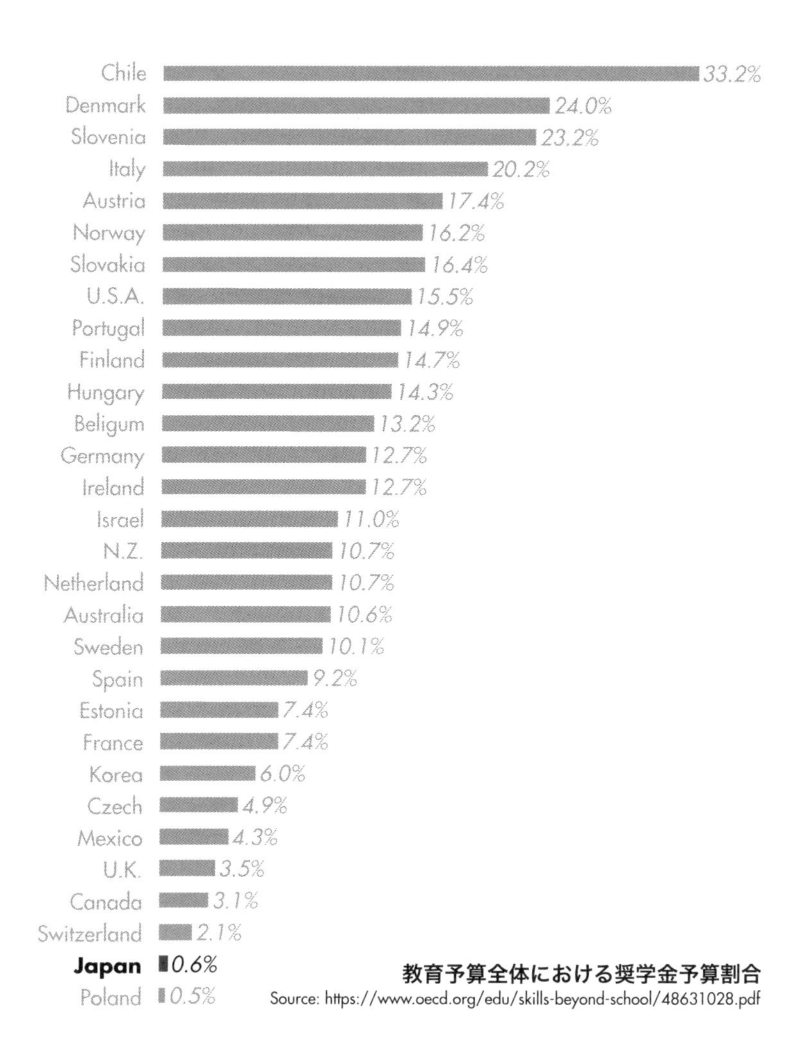

教育予算全体における奨学金予算割合
Source: https://www.oecd.org/edu/skills-beyond-school/48631028.pdf

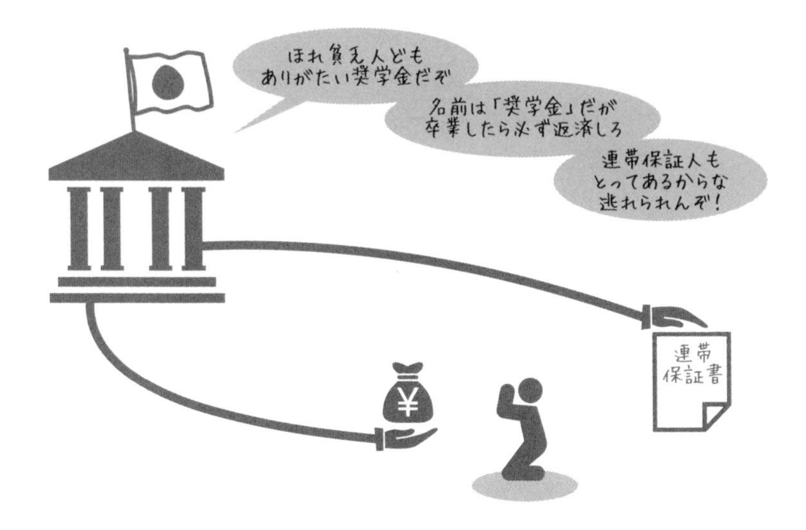

現在、文科省管轄下の**日本学生支援機構**が「公的な奨学金制度」を運営しています。しかし、これは給付ではなく貸与に過ぎません。大学卒業後は(場合によっては利息付きで)何年、何十年にもわたって返済していかなければならないものです。国連やOECDの分類では、日本学生支援機構の奨学金制度は、scholarship(奨学金)ではなくstudent loan(学生ローン)に分類されているのが実情です。

何が言いたいかといえば、日本では、幼稚園から大学へと至る教育プロセスが、99%階級にとって**重い経済的負担**となっているということです。小学校から大学まですべて国公立で済ませたとしても、学校教育費だけで約800万円となります。小学校から大学(文系)まですべて私立だった場合は2000万円を超えます。

これに、塾・予備校・教材費などを含めれば、子ども1人を大学卒業させるための教育費は1500万円から3000万円となります。マンションを1戸買うほどの経済的負担です。地方から都市部の大学に子どもを入学させて1人暮らしをさせる場合、毎月の生活費も莫大な額になります。これが、この国における「教育を受ける権利」の実態です。**何千万円もの自己負担**に耐えなければ、大学教育を受けることすら許されないわけです。

大学生は消費者となった

次のページの図を見てください。これは、**日本の大学授業料に関する歴史的推移**です。確かに日本の大学授業料は異様に高いわけですが、昔はそれほどでもありませんでした。現在の物価水準に換算すると、私立大学でも年間20〜30万円程度で済んでいた時代もあったのです。特に、学生運動の最盛期だった1960年代には、実質的に授業料水準は下降しつつありました。

しかし、この学生運動が衰退する1970年代から、日本の大学は「教育機関」から「営利企業」へと本格的にシフトします。授業料は一気に跳ね上がり、大学生は実質的に「**消費者**」となります。

一方で、大学業界が――いわゆる文系学部を中心として――大学のレジャーランド化を本格的に推し進めるのも、この時期です。「4年間ほど授業料を納めなさい。その代わりに、4年間ほど自由な時間と場所を提供します」ということです。日本人に「**大卒という肩書**」と「**人生最後の夏休み**」を販売する営利企業として、大学の存在理由が再設定されていきます。

この国では、大学が「営利企業」となり、大学生が「消費者」になった頃から「**高校を出たらすぐに大学に行くべきである**」という一種の宗教的な戒律が「下々の労働者階級」に至るまで広範に流布されるようになりました。多くの日本人が「大学で何を学びたいのか」を考えることもなく「10代のうちに大学に入らないといけない」というイデオロギーに従って大学に入学していきます。

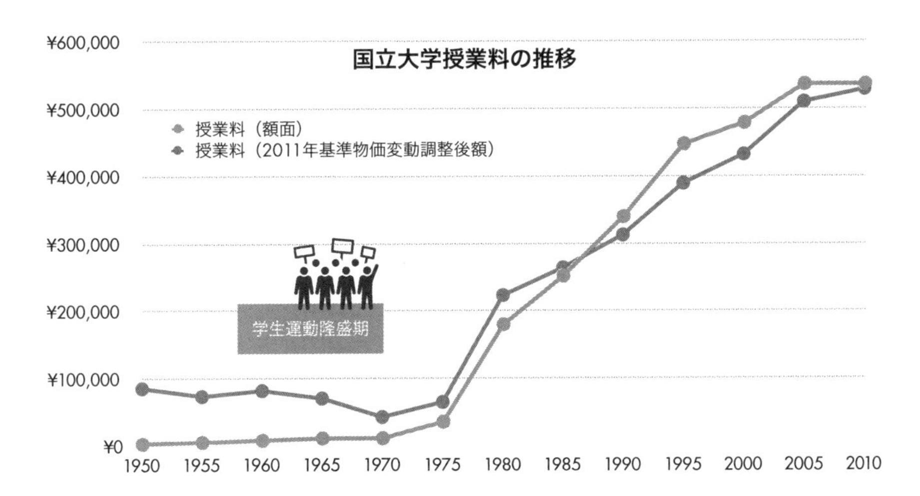
国立大学授業料の推移
授業料（額面）
授業料（2011年基準物価変動調整後額）
学生運動隆盛期
¥600,000
¥500,000
¥400,000
¥300,000
¥200,000
¥100,000
¥0
1950
1955
1960
1965
1970
1975
1980
1985
1990
1995
2000
2005
2010

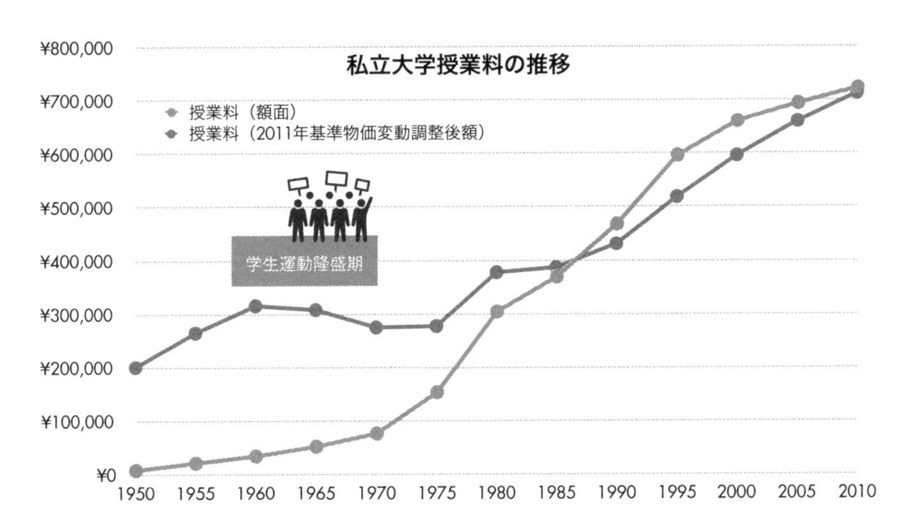
私立大学授業料の推移
授業料（額面）
授業料（2011年基準物価変動調整後額）
学生運動隆盛期
¥800,000
¥700,000
¥600,000
¥500,000
¥400,000
¥300,000
¥200,000
¥100,000
¥0
1950
1955
1960
1965
1970
1975
1980
1985
1990
1995
2000
2005
2010

下図を見てください。これは主要国における大学／専門学校の入学年齢層です。日本だけ異様な状況となっているのがわかります。日本の大学生の大半は18歳で一斉に大学に入学してきます。しかし、それは国際比較的には明らかに異常です。

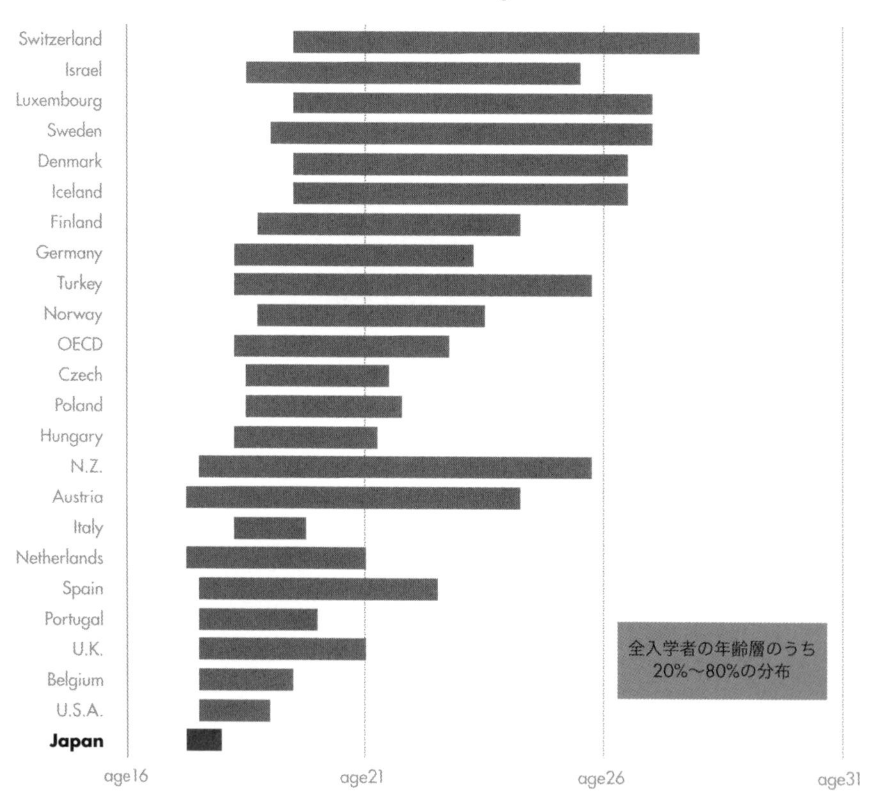

では、日本では、大半の若者が**18歳になると一斉**に「自分が大学で学びたい専門分野」をいきなり思いつくのでしょうか。「どうしても学問を習得しなければならない」と、日本中の人間が**18歳になった時点で一斉**に「学問への志」を抱くのでしょうか。

もちろん、そのような気持ちの悪い社会現象が起こるわけではありません。彼らは「18歳になったらとにかく大学に入れ」というグロテスクな社会規範にただ機械的に従っているにすぎません。そして、そのような若者の規範意識を利用する形で、彼らから高校卒業と同時に多額のカネを機械的に吸いあげていく「**大学ビジネス**」が存在するわけです。

大学生が勉強しないのは合理的だ

本書の読者は、いわゆる「文系」の人々が多いものと推測しますので、ここからは「**文系大学生**」の事情を中心として話を続けていきましょう。

日本の大学生は、授業に出ても私語や居眠りやスマホゲームに興じているだけであるとか、ろくに研究もせずにバイトやサークル活動ばかりしているといった批判をよく受けます。「日本の大学生」という検索ワードを打てば、決まったように「**勉強しない**」という検索候補が出てくるのが現状です。

全国大学生生協が2018年に実施した「第54回学生生活実態調査」によれば、大学生の1日あたり勉強時間（授業時間を除く）は、文系で38.2分、理系で60.2分、全体で52.3分となっています。学術研究に取り組むべき大学生が、1日の自由時間のうち、**勉強時間に1時間も費やしていない**というのは驚愕すべきものです。

こうした数値を見る限り、日本の大学生は確かに「勉強しない」のです。日本の大学が「レジャーランド」と揶揄されているのは、こうした具体的現実ゆえです。

しかし、一方で、彼ら大学生がそうした大学生活を送るのは**合理的な選択**とも言えます。学術研究に没頭したところで具体的なメリットがないからです。大学生の大半は、大学卒業と同時に働きに出なければなりません。しかし、彼らを採用する会社側は、大学教育に大きな価値を認めていません。現に「文系大学生」がそこらの大手企業の採用面接を受けても「大学で何を研究したのか」

「その研究成果を我が社の事業にどう活かすか」などと問われることは、ほとんどありません。

例えば、日本経済団体連合会（経団連）は、全国の経団連加盟企業を対象にした「新卒採用に関するアンケート調査」を毎年実施しています。

2018年の発表内容によると、会社側が選考にあたって特に重視した点（複数回答可）は、第1位:コミュニケーション能力（82.4%）、第2位:主体性（64.3%）、第3位:チャレンジ精神（48.9%）、第4位:協調性（47.0%）、第5位:誠実性（43.4%）、第6位:ストレス耐性（35.2%）となっています。一方、**専門性**は13位で12.0%、**履修履歴・学業成績**は18位で4.4%にすぎません。

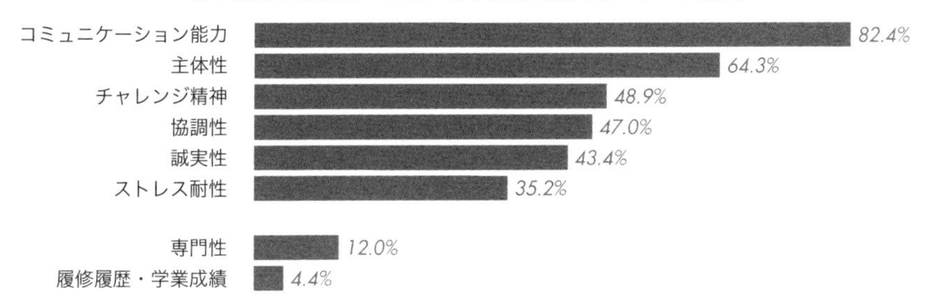

実際のところ「文系大学生」が卒業後に会社でやらされる仕事のほぼすべては、中卒/高卒程度の学力さえあれば、**努力次第でこなせるもの**ばかりです。もちろん、大学/大学院レベルの専門知識・専門技能を採用選考において深く問われるポストもわずかながら存在しますが「文系大学生」の大半には生涯縁のない世界に過ぎません。そのような状況下において、大学生が学術研究に取り組むメリットなど、どこにあるのでしょうか。

テックの時代における大学とは

しかし、こうした大学業界も、いよいよ変化を求められつつあります。なぜなら、この21世紀は「**テックの時代**」だからです。20世紀末から21世紀初頭にかけて起こっているIT革命／AI革命は、かつての農耕革命や産業革命に匹敵する人類史上の一大変革です。その中心となっているのは、情報技術やコンピュータサイエンスなどを中心とした〈テック〉です。

新石器時代に起こった農耕革命も、18世紀に起こった産業革命も、それまでとは比較にならないほどの〈勉強〉を労働者たちに要求しました。それと同じように、21世紀の労働者たちは、この「テックの時代」を生き抜くために、これまでとは比較にならないほどの〈**勉強**〉を必要としています。

農耕革命
Agricultural Revolution

産業革命
Industrial Revolution

テック革命
Tech Revolution

私は先ほど「中卒・高卒程度の学力さえあれば努力次第でこなせる仕事」という表現をしました。確かに、これまでの「大卒文系」は、その程度の〈学力〉と〈根性〉さえあれば、年金支給年齢になるまで生き抜くことが可能でした。大学4年間を「人生最後の夏休み」として遊び呆けることも可能でした。そうした状況だからこそ、大学業界が教育品質をどれだけ「手抜き」しても許されてきました。しかし、21世紀をとおして、そのような「**努力次第でこなせる仕事**」は、しだいに価値を失っていきます。

テック革命を通じて
価値を低減させていく「文系」職業

金融事務

学校事務

行政事務

病院事務

法務

経理

例えば、銀行における事務作業の大半は、近い将来にロボットによって代行されるのが確定しています。「大卒文系」の最大就職先であり続けた銀行の人員削減は、今後も極限まで進みます。金融関連だけではありません。法務、経理、会計、学校事務、病院事務、行政事務など、いままで「大卒文系」が得意としてきた作業の多くも、近い将来、人間がやらなくてもいいようになります。同時に、**ロボットに取って代わられる程度の事務作業**しかできない人間は、労働市場において骨の髄まで労働力を買い叩かれるようになるわけです。

投資家の瀧本哲史（1971-2019）は、2011年の著書『僕は君たちに武器を配りたい』（講談社）の中で「**人材のコモディティ化**」を説いています。コモディテ

ィ化（commoditization）とは、かつては希少性を持っていた商品が没個性化することです。「他のメーカーで買っても商品の中身は大して変わらない」状況となり、あとは競合商品の間で果てしない価格競争が起こるのみです。

このコモディティ化は商品だけではなく人材についても生じます。かつては「日本語で読み書き計算ができます」というだけで、その人材は「希少なホワイトカラー」になれました。しかし、現在では、そのような人材は、掃いて捨てるほど複製大量生産されています。まさに「**お前の代わりはいくらでもいる**」の世界です。

瀧本哲史によれば、こうした「人材のコモディティ化」は、官僚、弁護士、経営コンサルタントといった「知的職業」にまで及びつつあります。「**このような条件下ではこのようにする**」という定式が決まっている仕事内容であれば、それはいくらでもコピーできるし、ひたすら努力すれば、やがて誰でもできるようになります。

科学技術の進展によって、複雑な業務内容の**アルゴリズム化**が可能になると、複製可能な努力型職業はますます複製可能となる。どれだけ過去において「知的職業」と位置づけられていようと、これからの労働市場ではひたすら買い叩かれていくわけです。

NOTE

アルゴリズムとは、問いに対する解を導く指示体系です。従来の「大卒文系」が担ってきた事務系労働の大半は、アルゴリズム化が容易なものでした。言い換えれば、いままでの事務系労働は、膨大で多岐にわたるアルゴリズムを「努力と根性」によって暗記してしまえば、最終的には誰でもこなせるものとなっていたわけです。そして、そのようなアルゴリズム化の容易なタイプの労働は、21世紀全体を通じて、次々と**コンピュータによる自動化**を余儀なくされていくのです。

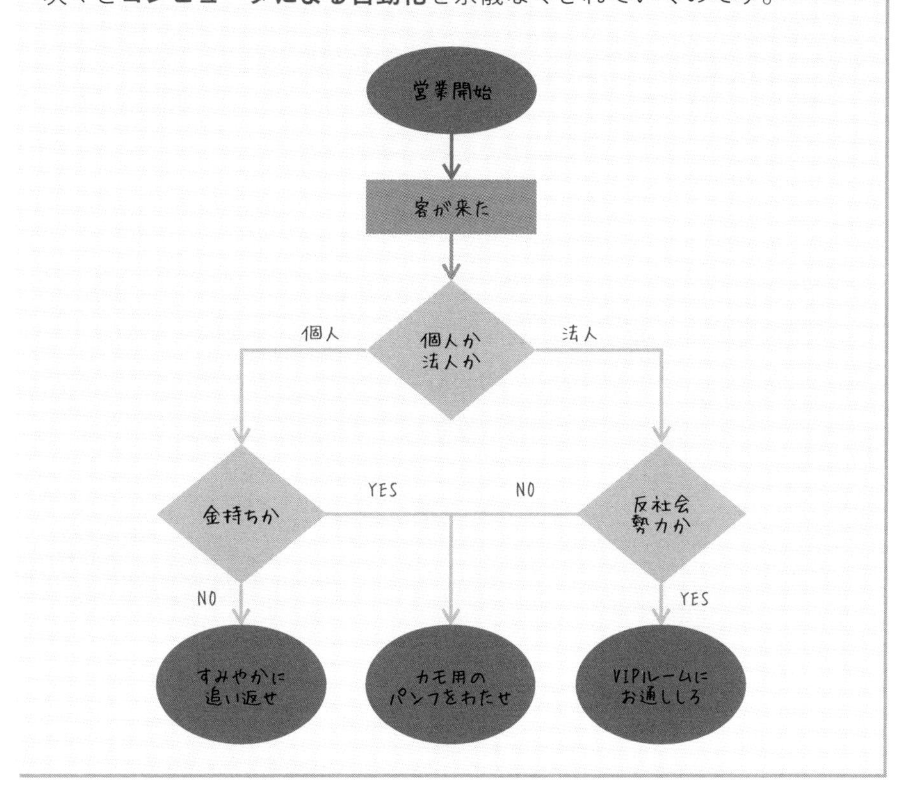

要するに、21世紀の労働者は、容易にコモディティ化されず、容易にアルゴリズム化されないタイプの労働力を身につける必要があります。そして、これから労働世界に放り出される若者のために、そのような知的能力を与えるべき教育機関は「**本来であれば**」大学であるはずです。

しかし、残念ながら、日本の大学は、21世紀という人類史上の変革期を**若者が生き抜くための施設**には見えません。そのような能力を若者に提供できるだけのスペックが絶望的に不足している上に、大学業界そのものが大きな変化を拒んでいるように見えます。

現在、日本全国の大学が「改革」「変革」を必死に叫んでいますが、それは単に、18歳人口の減少に伴う大学業界のパイ縮小をいかにして補うか、という点に収斂しています。「**テックの時代**」に**労働者となる若者たち**のために大学教育はいかにあるべきかを真剣に問うている大学は、ほとんど見受けられません。

いずれにせよ、これからの若者にとって、何百万円も支払って大学に行くことは、江戸時代も末期となった頃に、何百両も支払って御家人株を買って武士になるのと似たようなものです。明治にもなって「おれは武士だぞ」と顕示したところで、かつてのような圧倒的意味を持たせることはできません。

21世紀の労働市場

同じように「おれは四大を出てるぞ」「おれは慶應OBだぞ」といったところ

で、これからの時代は意味を持ちにくくなる。「大卒か高卒か」「有名な学校を出ているか」ではなく「**何を学んできたか**」「**この世界に向けて、その学びをいかに適用するのか**」が、これまでになく深刻に問われる時代がやってくるわけです。

LECTURE

.15

労働者は政治的に無能である

LABORERS ARE POLITICALLY INCOMPETENT.

労働者は政治的でなくてはならない

この本では、これから本格的な労働者となる若者のために、労働に関する基本的な事項を述べてきました。その中には、個人の力でどうにかなる事項もあれば、個人の力だけではどうにもならない事項もあります。というより、労働にまつわる問題の大半は、**個人の努力や才能ではどうにもならないもの**が大半を占めるのです。

個人の力でどうにもならない問題はどうすべきか。古代より、ホモサピエンスが提示してきた回答は**政治**（politics）でした。個人の力でどうにもならないのであれば、個人同士が何らかの理念の下に結集して、集団の力で世界の仕組みを変えていくのです。

古代より、ホモサピエンスは、自分の住む世界をより良くするために、時として何らかの**政治的行動**をとってきました。言論、デモ、ボイコット、サボタージュ、ストライキ、暴動、そして、ときには革命すら実行してきました。

特に、資本主義の誕生は、同時に**労働運動**（labor movement）の始まりでもありました。資本主義の発祥地は英国です。この英国では、19世紀初頭に、世界初の本格的な労働運動が発生します。それがラッダイト運動（Luddite movement）です。

「ラッダイト運動」

産業革命によって毛織物工場の機械化が進むと、工場に勤務する労働者たちは、機械に仕事を奪われることを恐れました。工場の機械化は、生産性が上がる点で資本家にとっては都合がよかったのですが、労働者にとっては憎悪の対象でした。そこで、労働者たちは機械破壊活動に出たのです。この**ラッダイト運動**に対して、英国政府は1812年に機械破壊を死刑とする法律を制定し、最終的には弾圧に成功しました。

こうした初期の労働運動を通して、労働者たちは「真の敵は、機械や工場といった生産手段ではなく、その上にある政治や経済といった世界構造そのもの」だと認識するようになります。英国では、ラッダイト運動崩壊後、各産業・各地域・各職種・各企業で**労働組合**（labor union）が急増し、さらには各労働組合が連帯する形で、労働者階級の全国組織が生まれます。

一方で、納税額・資産額に関わらず、あらゆる成人への選挙権を保障する——すなわち、**普通選挙権運動**も盛んとなります。普通選挙権は、労働者階級の声を議会に反映させるために、なくてはならないものだったからです。

1864年9月28日、欧米諸国の労働者勢力がロンドンに集まり、国際労働者協会（International Workingmen's Association）、俗に言うところの**第一インターナショナル**（The First International）が結成されます。国境を乗り越えて、諸国の労働者たちが団結して協力し合う国際政治結社でした。この結社は社会主義の世界的普及を謳います。

第一インターナショナルに影響を与えた人々

マルクス
Karl Marx
1818-1883

エンゲルス
Friedrich Engels
1820-1895

ブランキ
L.A. Blanqui
1805-1881

バクーニン
Mikhail Bakunin
1814-1876

プルードン
P.J. Proudhon
1809-1865

1871年3月18日、パリにおいて労働者階級による革命が起こり、世界初の社会主義政権が誕生します。いわゆる**パリコミューン**（Paris Commune）です。この革命政府は、第一インターナショナルの支援を受ける形で、約2ヶ月間にわたって自治政府を維持しましたが、最終的にフランス政府軍によって鎮圧されます。

その後、第一インターナショナルは内部対立を極めて1876年に崩壊しました。1889年には第二インターナショナルが結成されましたが、次第に各国の労働者たちの利害対立が激化し、1914年、第一次大戦が開戦された直後に崩壊します。その後、1922年には、社会主義国家ソビエト連邦が誕生します。このソ連を中心として、20世紀は、世界のさまざまな地域において社会主義国家が建国されますが、その多くは**失政と独裁と腐敗の道**をたどりました。

1933年**ソ連大飢饉**におけるウクライナ地方都市を撮影した写真です。餓死寸前で横たわる農民たちが見えます。この飢饉は、当時のソ連最高

指導者ヨシフ・スターリンの政策によって人工的に引き起こされたものと言われており、ウクライナ地域では300万人から1200万人が餓死したものと推計されています。

ソ連をはじめとする「東側諸国」の特徴は、社会全体を統制するために、必然的に**独裁体制**に陥った点です。独裁体制の下では、指導層に対する批判や批評が封じられ、指導層の作成した計画が神聖視され、現場レベルに無理難題が押しつけられるようになります。さらには、計画が失敗に終わって、いかなる悲劇が起ころうとも、情報統制が図られて、指導部の失政は隠蔽されていきます。

「東側諸国」の崩壊から学べることは、いかなる政治理念があっても、**批判や批評が許されない状況**では、必然的に腐敗に満ちた世界に至る点です。21世紀も社会主義運動は続いていきますが、こうした過去の失敗を決して忘れてはなりません。

一方、西欧諸国では、民主主義的なプロセスで社会主義を目指す**民主的社会主義**（democratic socialism）のイデオロギーの下、社会主義政党が議会で一大勢力を占めるようになります。現在においても、多くのヨーロッパ諸国は、資本主義体制を主軸としながらも、社会主義的政策も数多く実施しています。

一方で、米国・韓国・日本のように、社会主義政党がほとんど存在しない「**純粋な資本主義国家**」もあります。そのような国々に共通しているのは、労働者の人権が著しく軽視されている点です。

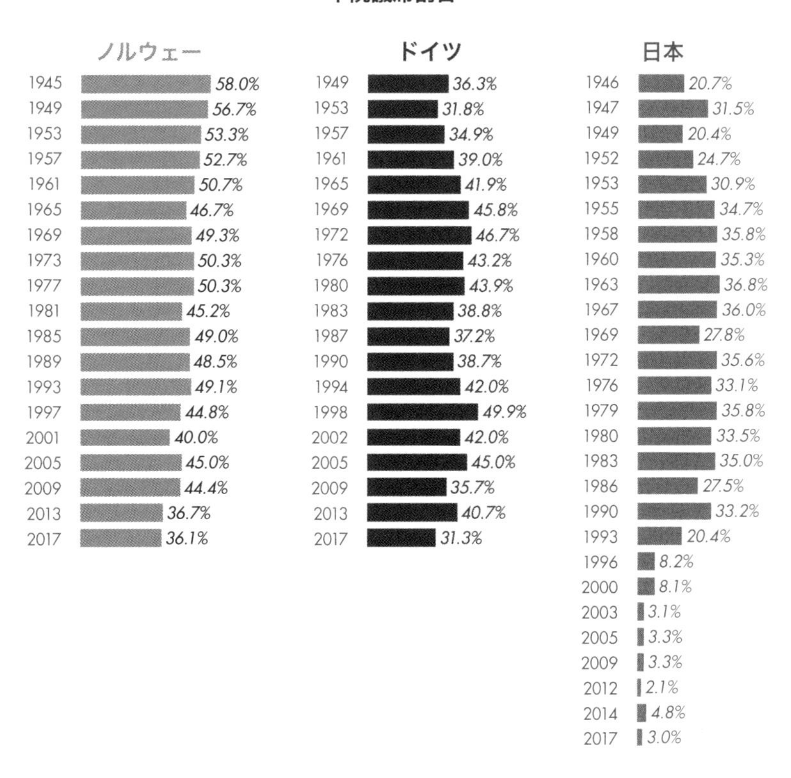
社会主義勢力および共産主義勢力の
下院議席割合
ノルウェー
1945 58.0%
1949 56.7%
1953 53.3%
1957 52.7%
1961 50.7%
1965 46.7%
1969 49.3%
1973 50.3%
1977 50.3%
1981 45.2%
1985 49.0%
1989 48.5%
1993 49.1%
1997 44.8%
2001 40.0%
2005 45.0%
2009 44.4%
2013 36.7%
2017 36.1%
ドイツ
1949 36.3%
1953 31.8%
1957 34.9%
1961 39.0%
1965 41.9%
1969 45.8%
1972 46.7%
1976 43.2%
1980 43.9%
1983 38.8%
1987 37.2%
1990 38.7%
1994 42.0%
1998 49.9%
2002 42.0%
2005 45.0%
2009 35.7%
2013 40.7%
2017 31.3%
日本
1946 20.7%
1947 31.5%
1949 20.4%
1952 24.7%
1953 30.9%
1955 34.7%
1958 35.8%
1960 35.3%
1963 36.8%
1967 36.0%
1969 27.8%
1972 35.6%
1976 33.1%
1979 35.8%
1980 33.5%
1983 35.0%
1986 27.5%
1990 33.2%
1993 20.4%
1996 8.2%
2000 8.1%
2003 3.1%
2005 3.3%
2009 3.3%
2012 2.1%
2014 4.8%
2017 3.0%

労働者は政治教育を受けていない

ここまで説明すれば、特に19世紀以降、いかに労働と政治が密接になってきたかがわかるはずです。自分の国の政治を動かすことによって、**労働者一人ひとりの抱える苦痛・苦悩・不自由を大きく変えることが可能だ**と、われわれホモサピエンスは気づき始めたのです。

われわれは、ともすれば「政治など時間的経済的に余裕のある特権階級がやること」と思いがちです。しかし、そうした特権階級は、それほど政治に頼らずとも、自由や平穏を独力で手に入れることが可能です。むしろ、一人ひとりの力が弱い労働者たちこそ、政治により近い存在であるべきです。言い換えれば、**労働者は政治的でなければならない**わけです。

ここで、前章から引き続いて教育の話をしましょう。確かに、わたしたち人間は、一定の教育を受けた後、労働者となります。しかし、この「教育」は、大きく2種類に分けることができます。すなわち「**労働者教育**」と「**市民教育**」です。

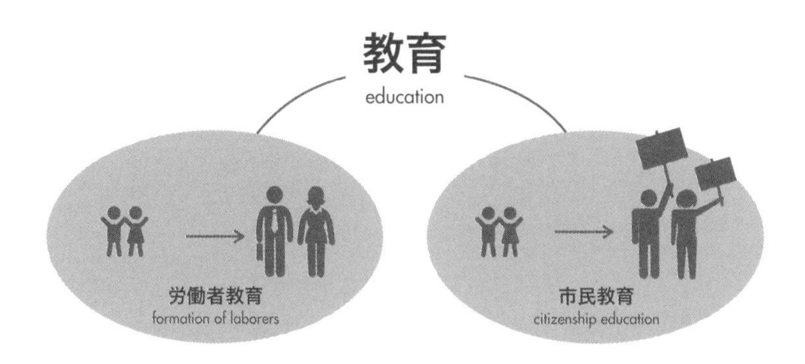

労働者教育とは、その名の通り、**労働者を育成するためのプログラム**です。官庁や会社といった組織の中で、上からの指揮命令に従う人間になるためのものです。あなたが日本の学校で受けてきた「教育」は、その大部分が労働者教育に分類されます。

あなたは、日本語で読み書きができるように訓練を受けてきました。数字を足したり引いたりできるように訓練を受けてきました。部活動や運動会や掃除当番を通して、協調性という人格を身につけてきました。周囲のみんなに合わせて行動し、周囲のみんなと同じように振る舞う習慣を身につけてきました。それらはみな、人間が**組織の「材料」**となるのに不可欠なものです。

一方、市民教育とは、その名の通り、市民を育成するためのプログラムであり、言い換えれば政治教育です。ここでいう市民とは、**自分の所属するコミュニティへの政治参加ができる人間**のことです。コミュニティの抱える問題点を指摘する。コミュニティの権力者たちの不正や失政に対して抗議する。コミュニティの中の公的な地位に自らが就任する。そうした政治的人間を育成することもまた、現代における教育目的の1つです。

そもそも、人間は、白紙状態のままで政治参加できるわけではありません。政治参加とは、一定の**基礎的な素養**が必要となる行動です。人間が政治的になるには、その前提として一定の教育が必要となるのです。

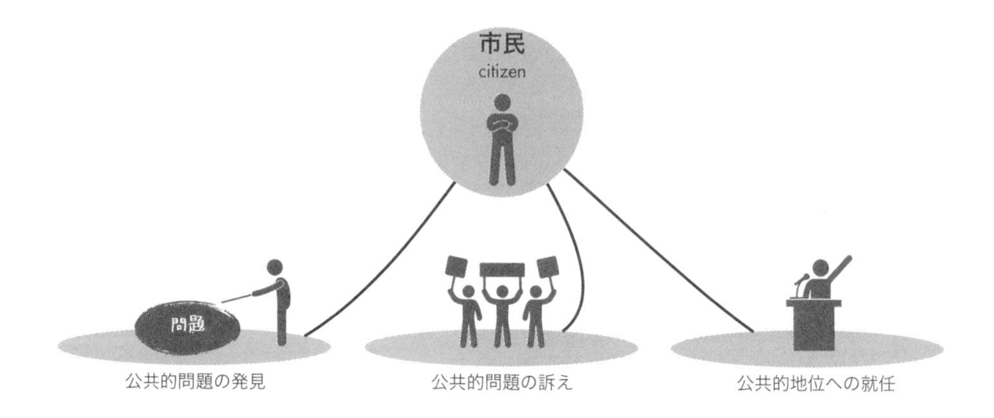

しかし、**日本の公教育**では、この市民教育がほとんど実施されていません。あなたも、日本の学校において「自分の社会的地位においては、どの政党を選択するのが合理的か」「政治運動や社会運動はいかにして立ち上げればよいか」といったことを学んだことがあったでしょうか。教室において生徒同士で議論したことがあったでしょうか。

日本の学校は、徹底して**労働者教育の場**であり続けてきました。自分の属する社会に対して批判の目を向けたり、自分の属する国家そのものを自分の力で動かすための教育は、ほぼ存在してこなかったのです。

労働者には政治にかかわる時間もない

労働者が政治参加するために必要なものは教育だけではありません。相当の**自由時間**が必要です。政治参加は、労働と同じぐらいに骨の折れる行為です。投票という単純な行為1つをとってみても、自分に与えられた1票を最大限に活用するためには、事前の学習が必要となってきます。

現在、自分はこの世界の中でどのような位置にあるのか。現在、この世界はいかなる状況になっているのか。その状況下において、いかなる政治的選択肢を取れば自分にとって最善なのか——。

それを知るためには、情報収集、自主研究、セミナーやシンポジウムの聴講などの学習機会に日常的に触れなければなりません。さらには、他の有権者との討議、自己の政治的見解を他者の前で発表する機会なども日常的に存在すべきです。政治学や憲法学では、こうした一連のプロセスを**熟議**（deliberation）といいます。

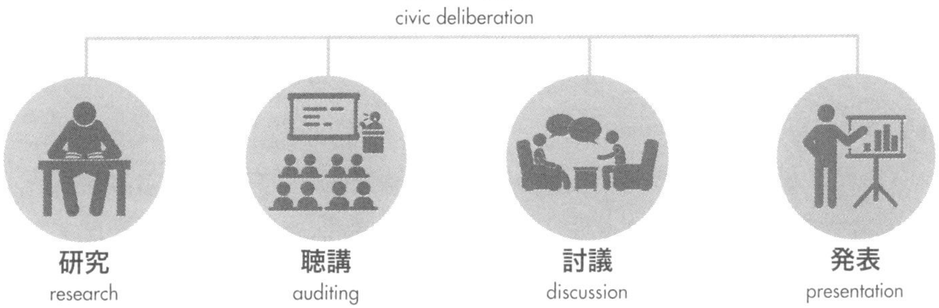

そのような熟議を経験していない労働者が、いきなり投票日に投票所に連れて行かれても、せいぜい、TVで有名人が発言していた内容、延々と流される巨大政党のコマーシャル映像、ネットコミュニティで喧伝されていた政治的主張などを唯一の頼りにして「**非合理的な一票**」を投じるだけで政治参加が終わるのです。

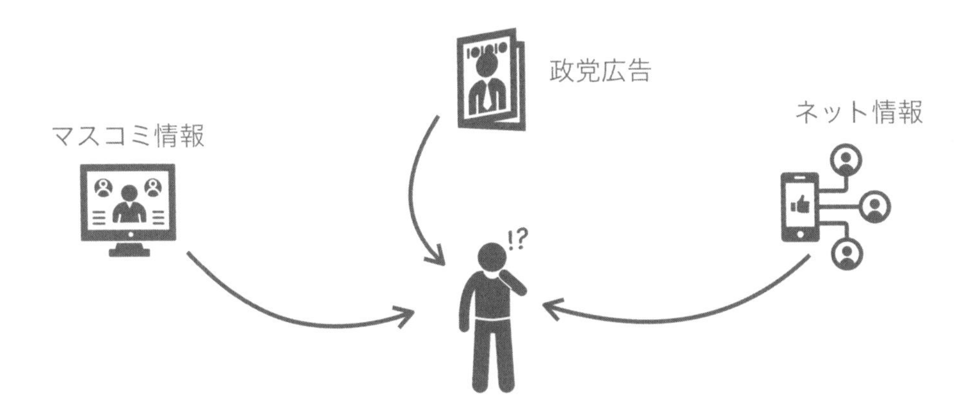

繰り返しますが、政治参加には一定の自由時間が必要です。この本ですでに言及しているように、労働者にとって自由時間は貴重です。週に1〜2日しかない休日を利用して、ふだんの労働日にできない私生活上の雑事をこなさないといけません。さらには、ふだんの労働によって生じる身体的精神的な疲労を回復させるために体を休めないといけません。そのような労働者が**自由時間の一部**を削り取って、政治のために投じるのは容易なことではありません。

逆に言えば、労働者の政治参加を実質的に保障するには、**労働者の自由時間**を大幅に増やす必要があります。実際、人権先進国と言われている国ほど、休日や有給休暇がふんだんに整備されています。失業してもすぐに再就職を迫られるわけではなく、失業給付・生活給付によって無職のままでいる権利が与えられています。そのような国々では、人生時間の一部を政治的なことに使うことが可能となります。

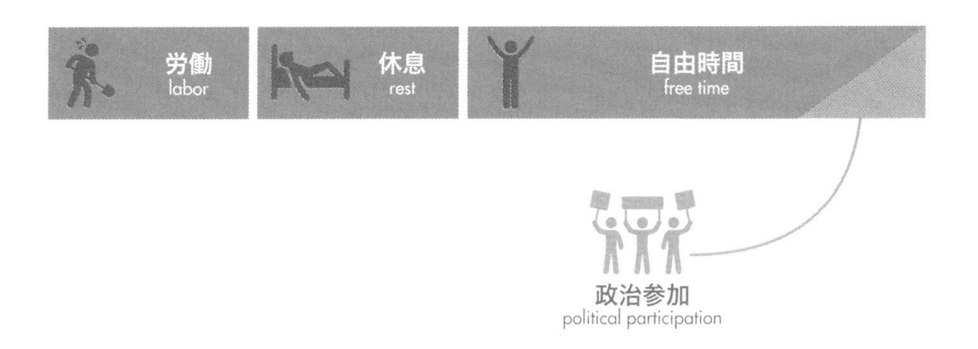

ここまで読めばわかると思いますが、日本の労働者は、**政治参加に費やす時間的余裕**を持ち合わせていません。そのような余裕が持てるのは、せいぜい学生時代と老後ぐらいです。労働者として生活している間も、若干ながら自由時間は与えられていますが、文字通り「若干の時間」にすぎません。その貴重な自由時間の一部を政治参加のために削り取ることは、現実問題として困難です。

日本は国民主権国家だと言われています。しかし、このように実態をよく見つめれば、日本人に政治的主権などありません。彼らは、小中高大と労働者教育を受けた後は、数十年にわたって「よけいなことを考えずに黙って労働しろ」という状況に置かれ続けます。しかも、21世紀の日本人は、年金崩壊によって「老後を過ごす権利」という最後の希望さえも奪われていきます。死ぬ間際まで自由時間を与えられず、**労働のためだけに生かされる存在**となっていくのです。

労働者には政治にかかわるカネもない

さらに言えば、日本の労働者たちが市民教育を受けたり、自由時間を多少獲得できたとしても、実際に政治参加するには、もう1つの大きな壁がたちはだかっています。それは**カネ**です。

政治参加にも色々な方法がありますが、その中でも最も有力なものが**国会議員への立候補**です。「政治や社会に不満があるなら政治家になれ」というのは、日本社会の常套句です。しかし、その政治家になるため、選挙に立候補するには、非常に高い経済的コストが必要です。

「選挙とカネ」といえば、まずは、誰しも**選挙運動費用**のことを思い浮かべます。確かに、日本で本格的な選挙運動を実施するには、相当のカネを自己負担しなければなりません。その実質的な額は「闇の中の闇」ですが、1000万円は最低限かかると見てよいでしょう。

そのため、立候補者が消費者金融から限度額ギリギリまでカネを借りるケースもよくあります。また、有名政治家が財界大物から多額の選挙資金を借りていたことが発覚するケースも後を絶ちません。

しかも、実際に政治家になるためには、選挙の数ヶ月前から、選挙区での地盤固めをする必要があります。言い換えれば、選挙直前の期間は、フルタイムで働くことが難しくなります。選挙期間そのものに入れば、労働することそのものが不可能となります。**毎月の賃金だけを頼りに**生存している労働者階級にとっては大きな負担です。

さらには、日本企業では**「選挙に立候補するために会社を一時的に休職する」**ことも認められないところが大半です。選挙にチャレンジするとなったら「休職」ではなく「退職」しなければならないのです。それで選挙に落ちても、元の会社に復職できる権利はなく、無職生活に突入です。国会議員に当選できたとしても、次回選挙で落選すれば、やはり無職生活に陥ります。そして「元国会議員」を喜んで雇うような会社は多くありません。

こうした状況も、労働者にとっては深刻なリスクです。特に、日本の失業者保護が世界最悪の水準にあることは、すでに本書で述べた通りです。この国で

は、失業と死が直結しています。そのような人々が、どうして公職に立候補できるというのでしょうか。ここでは、たいした資産を持たない労働者が公職に立候補することは「**経済的な死**」**への道**を歩むこととほぼ同義です。

この章の内容をまとめれば、99％階級になるほど政治を切実に必要としており、99％階級になるほど**政治的存在になること**が求められています。しかし、日本の労働者たちは、政治的存在になるための教育をほとんど受けておらず、政治参加するために必要な時間的余裕も経済的余裕もないわけです。

日本の労働者たちは、小中高大と、あらゆる教育プロセスにおいて「民主主義は良いものである」という価値観を植えつけられています。しかし、自分自身がその民主主義に参加する方法は、ほとんど教えてもらっていません。せいぜい「政府の指定した日に政府の指定した投票所に行って投票用紙に何かを記入せよ」と言われるぐらいのものです。この国は「**民主主義を支持しながら民主主義を傍観するのみ**」の滑稽な労働者たちで溢れかえっているわけです。

Postface

人生は絶え間ない投機である

この本は、このあたりで終了となります。ここまで来ると「では、私はどうすればいいのか？」という疑問が出てくると思います。労働とは何か、労働の仕組みとは何か、日本人労働者の置かれた状況とは何か。そうした「労働の概要」を知った上で、一体**いかなる行動**を選択すればいいのでしょうか。

私自身はきわめて人生経験に乏しい人間であり、説教めいた人生論を語る資格などありません。さらに、私はあなた自身のことを何も知りません。ゆえに、あなた自身のために**個別具体的な提案**をすることはできません。

一方で、あなたへの**一般的抽象的な提案**ならば、巷にあふれています。移住する、起業家になる、投資家になる、政治家になる、ニートになる、ブロガーになる、ユーチューバーになる、高額な自己啓発サロンに入会する、精神を宗教的に覚醒させて社畜としての人生を突き進む……etc。

いずれの選択肢を取るのが最適かは、結局のところ、あなたの個別具体的状況によるとしか言いようがありません。しかも、あなたがどれだけ自分自身の個別具体的状況を正確に把握していようとも、最善の選択肢を選べるとは限りません。どれほど考え抜いた人生計画であっても、その計画が100％実現できる保証などありません。それでもわれわれは、人生のあらゆるシーンにおいて「確証なき選択」を繰り返していきます。まさに、人生とは、**絶え間ない投機**（speculation）なのです。

それでもわれわれは投機する

繰り返しますが、人生とは、絶え間ない選択の連続です。われわれは生きている限り、常に何らかの選択を迫られます。ある時点におけるある選択が、自分の人生全体を方向づけることになります。その点、現代の日本人は、人生のいかなる地点においても「**大きな選択**」をしなくてよい状況であり続けました。

15歳になったら高校に入り、18歳になったら大学に入り、22歳になったら就職する、という大きなレールが敷かれており、そのレールから外れなければそれでよかった。われわれは、せいぜい文系に行くか理系に行くか、商社に行くかマスコミに行くか、といった「**小さな選択**」さえしておけばよかった。

さらに、就職した先に待っている労働世界では、一式揃った超ド級の「**イデオロギーの体系**」がドッシリと根を下ろしており、その体系に基づいて、自己の日常的言動をコントロールしておけばよかったのです。

しかし、そのような「**無選択**」の時代はいよいよ終わろうとしています。日本は明らかに没落の道をたどっています。経済水準は近隣アジア諸国に次々と抜かれ、人口崩壊と社会保障崩壊が見るも無残な形で進行しており、政治家も官僚も財界もそれを食い止める解決策を持っていない。世界最悪の財政赤字も解決の見込みはまるでありません。昭和型の非合理的な会社構造もほとんど放置状態にあり、多くの日本人労働者が非合理的な業務体制の下で非合理的な労働をさせられています。

いま日本人の前に広がっている日本という国の形は、19世紀後半に、当時の

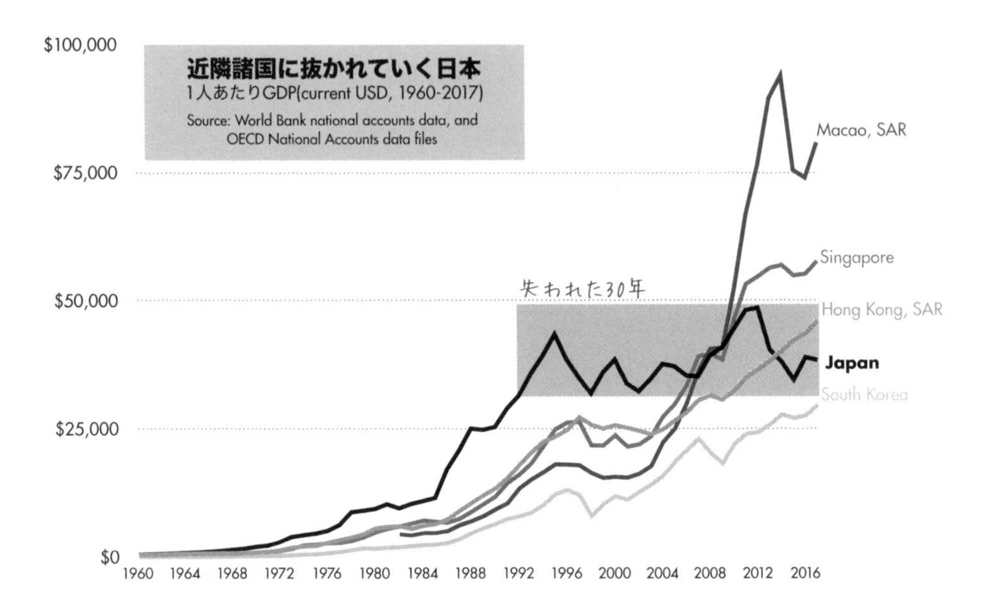

新政府が強硬的に作り上げた仕組みの名残であり、もしくは昭和初期に急ごしらえで組み立てられた総力戦体制の残骸にすぎません。しかも、その日本という国は、いままさに沈みゆく泥舟です。その**沈みゆく泥舟**をまるで豪華客船とでも思い込んで、その客船に乗り続けるために、自分の人生そのものを言われるがままに差し出してきた。それが平均的な日本人の姿です。

現代日本人が幼少期から「大きなレール」に疑問もなく乗っかり続けてきたのは、そのレールに乗ってさえいれば、いつか希望に叶う人生がやってくる、という期待値ゆえでした。しかし、その**期待値**は実は確かなものではなかったと、いま多くの日本人がようやく気づきつつあります。

明らかに、私たちは、自分の人生を自らの手で**推論**(speculate)しなくてはならない時代に入っています。自分の目の前に置かれたレールを最初から見直し、それが自分自身に自由と平穏をもたらすものか否かを推論しなくてはなりません。国家や会社や学校が説く「努力」や「競争」や「やりがい」といった**虚構に満ちた言葉**をそのまま鵜呑みにしても意味がない時代に入りつつあるのです。

その意味では、本書は、これから社畜になるあなたが、これからいかなる選択をしていくかの推論をするための一材料です。繰り返しますが、筆者の私は単なる凡庸な人間にすぎず、あなたに「こうすれば幸福になれる」「こうすれば成功できる」といった具体的処世術をエラそうに教えることは一切できません。しかし、少なくとも「労働とは何か」をあなたが熟慮するきっかけは、ささやかながら提供できたのではないかと思います。あなたがこれから直面するさまざまな人生の選択シーンにおいて、**より良い方向に投機できること**を私は期待しています。

読んでくださったみなさんへ

最後まで本書を読んで頂いたみなさんに、この場を借りて、心より感謝申し上げます。アマゾンのレビューも書いて頂けると、今後のさらなる執筆活動の励みになります。また、私のTwitterアカウント（@xlix）にて、今後の新作や改訂版などについてお知らせしていく予定ですので、お気軽にフォローして頂ければと存じます。なお、私は、平日昼間から、神楽坂／丸の内／日比谷あたりの喫茶店でよく読書をしていますので、見かけたらいつでも声をおかけ下さい。では。

——著者より

大田比路（おおた ひろ）

早稲田大学法学部卒。早稲田大学大学院政治学研究科（修士）、早稲田大学政治経済学部専任助手を経て、現在は個人投資家。新宿在住。早大講師（社会科学領域／非常勤）を兼任。『政治的に無価値なキミたちへ――早稲田大学政治入門講義コンテンツ』（2018,Amazon kindle）の著者。専門は政治制度論であり、実務上の関係からビジネス制度にも精通している。Twitter @xlix

---

COMPANY SLAVE

〈労働〉に自分のすべてを売りわたす前に

2021年11月19日　初版第1刷発行

著者　**大田比路**

ブックデザイン　welle design

編集担当　粟國志帆
発行者　木内洋育
発行所　株式会社旬報社
〒162-0041　東京都新宿区早稲田鶴巻町544 中川ビル4F
TEL 03-5579-8973　FAX 03-5579-8975
HP　http://www.junposha.com/

印刷・製本　中央精版印刷株式会社

ISBN978-4-8451-1724-6